AF305346

MANUEL PRATIQUE

DU CROCHET.

Déposé au vœu de la loi.

Bruxelles — Typ. Bruylant-Christophe et Cie, rue Blaes, 51

MANUEL PRATIQUE

DU

CROCHET

PAR

Mlle AGNÈS VERBOOM.

Illustré de gravures sur bois soigneusement exécutées.

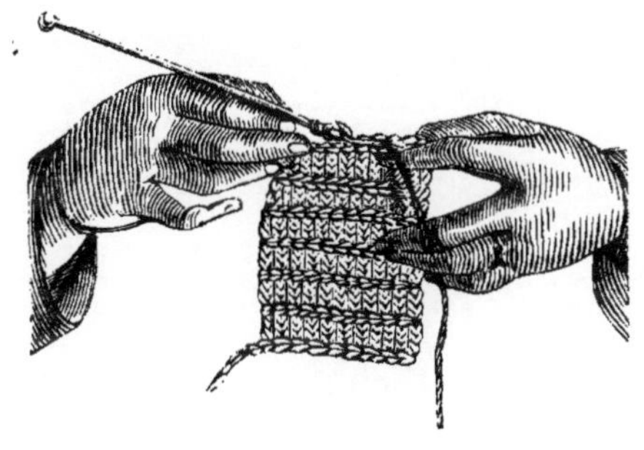

<table>
<tr><td>BRUXELLES.
BRUYLANT-CHRISTOPHE & Cie,
RUE BLAES. 51.</td><td>PARIS.
ADOLPHE GOUBAUD,
RUE DE RICHELIEU. 92.</td></tr>
</table>

INTRODUCTION.

—❦—

Le crochet est, sans contredit, l'ouvrage de prédilection des dames; il mérite, du reste, cette faveur par le peu de difficultés qu'il offre dans son exécution, la variété de ses points, le nombre et l'utilité des objets que l'on peut en former.

Nous avons donc pensé qu'un nouveau *Manuel pratique du crochet* serait bien accueilli par les dames. De nouvelles inventions, des imitations ingénieuses se sont produites depuis peu dans ce genre de travail. La guipure d'Irlande, la passementerie sont aujourd'hui fidèlement reproduites par le crochet. Nous avons réuni un grand choix de modèles de ces nouveaux genres de points. Nos lectrices trouveront, dans les modèles destinés à être exécutés en coton fin, des motifs d'une délicatesse extrême, rivalisant avec la dentelle, et dans les ornements en soie noire, toute la richesse de la passementerie, plus une solidité à toute épreuve.

Nous n'avons pas négligé non plus les travaux en laine, soit au crochet ordinaire, soit au crochet tunisien, et nous donnons une grande variété de points nouveaux pour ce dernier genre dans les premières pages du Manuel.

Nous avons, avant tout, cherché à rendre nos explications le plus claires possible, afin que notre Manuel soit d'une utilité pratique et qu'il fasse bien réellement comprendre ce qu'il se propose d'enseigner.

Enfin, malgré la variété si grande des ouvrages que l'on peut exécuter au crochet, nous pensons avoir donné un échantillon, au moins, de chaque objet auquel ce genre de travail est adapté.

Les dessins, d'une exactitude scrupuleuse, qui accompagnent ce Manuel, donnent une juste idée des différents genres de crochet que nous avons expliqués et en faciliteront l'exécution.

AGNÈS VERBOOM.

MANUEL PRATIQUE DU CROCHET.

INSTRUCTIONS PRÉLIMINAIRES.

Le travail au crochet ne présente pas de difficultés sérieuses. Il suffira de jeter les yeux sur les différents dessins que nous publions, indiquant la position des mains et du crochet, pour comprendre les explications que nous allons donner.

Un seul instrument sert à exécuter tous les différents points de crochet: c'est une aiguille plus ou moins grosse, dont le bout est recourbé, ainsi que son nom l'indique. Il y a des crochets en acier, en ivoire ou en os et en buis; ceux dont on se sert pour le genre de crochet dit *tunisien* sont plus recourbés du haut, et garnis d'une boule un peu aplatie à l'extrémité opposée.

Les matériaux dont on se sert pour les ouvrages au crochet sont : le fil, le coton, la laine et la soie ; on assortit le crochet à la grosseur du fil que l'on emploie.

Nous avons indiqué, pour chaque ouvrage, le numéro du crochet que l'on doit employer, ainsi que les matériaux dont se compose le tissu. La filière dont nous donnons ici le *fac-simile*, marque la grosseur relative de chaque numéro. Les

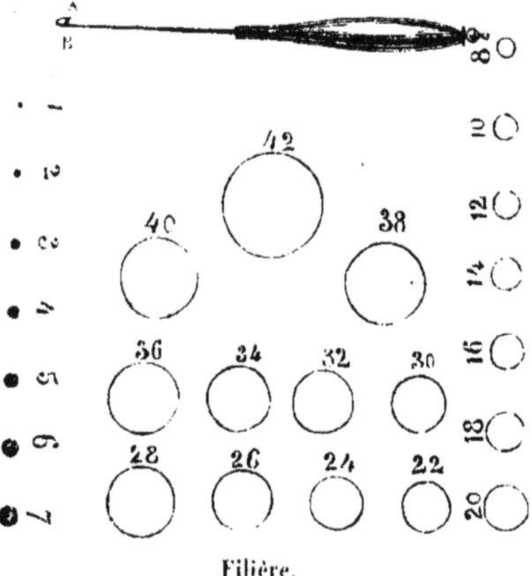

Filière.

ronds noirs désignent les crochets en acier, les ronds blancs les crochets en os ou en buis ; les plus gros sont à boules et destinés au crochet tunisien. On mesure les crochets, en insérant la partie recourbée, indiquée dans notre croquis entre les lettres A et B, dans le sens de leur largeur, dans les trous de la filière que l'on découpe en carton d'après notre modèle ; si l'on ne se sert pas soi-même de cette mesure, on pourra du moins se rendre compte, d'après celle que nous représentons, du numéro du crochet dont on a besoin, et se le procurer dans un magasin. Le choix le plus complet de ces crochets ainsi que de tous les matériaux indiqués dans ce Manuel, se trouve à la *Maison de la Religieuse,* 245, rue Saint-Denis, à Paris.

Tous les ouvrages au crochet se commencent par une chaînette plus ou moins longue de mailles, qui sert de fondation au travail ; avant d'expliquer la manière dont on monte ces mailles, disons un mot sur la façon dont on doit tenir les mains pour faire le crochet.

On prend le fil entre le pouce et l'index de la main gauche, on le passe autour de l'index, puis sous le doigt du milieu, ensuite sous l'annulaire, de manière qu'il soit maintenu légèrement par le petit doigt.

On prend le crochet entre le pouce et l'index de la main droite, de la même manière qu'on tient une plume, et l'on tourne toujours, dans le cours du travail, le crochet du côté du pouce de la main gauche, afin qu'il passe facilement dans les mailles.

Pour faire la première maille d'une chaînette, on forme une boucle avec le fil et on attire le fil à travers cette boucle au moyen du crochet, on serre de manière à former un nœud qui maintient la bouclette.

Maille chaînette, ou *maille en l'air.* Tenez le fil et le crochet ainsi que nous l'avons expliqué plus haut, passez le crochet sous le fil, en traversant de gauche à droite, et tirez-le avec le crochet pour le passer dans la première boucle que vous avez sur le crochet. Répétez ce mouvement autant de fois qu'il vous

1.

faudra de mailles chaînettes. C'est ainsi que l'on monte une chaînette pour la fondation d'un ouvrage.

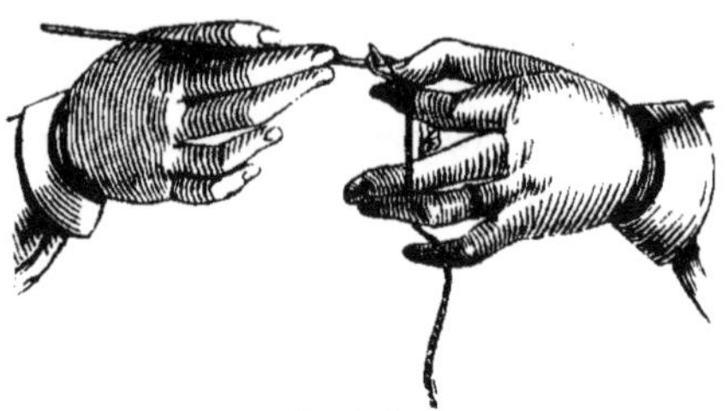

Maille chaînette.

Maille simple. Votre crochet étant dans la position où il se trouve lorsque vous venez de faire une maille chaînette, piquez-le dans l'avant-dernière maille de la chaînette de la fondation, passez le fil sur le crochet et attirez-le à travers cette maille ; vous aurez deux mailles sur le crochet, attirez la première de ces deux mailles à travers la seconde de manière à n'en avoir plus qu'une seule sur le crochet.

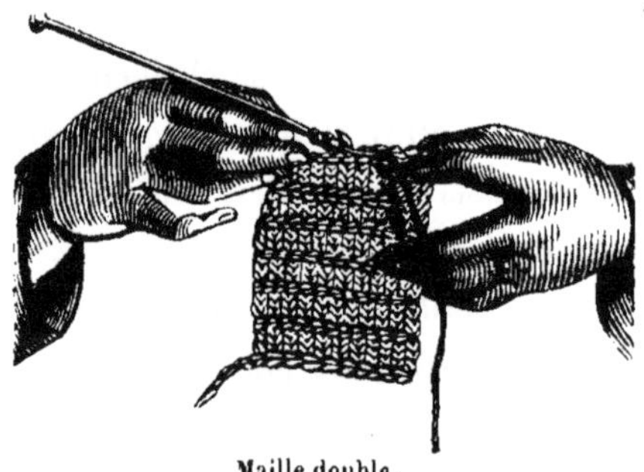

Maille double.

Maille double. Commencez de même que pour la maille simple, mais lorsque vous aurez deux mailles sur le crochet, au lieu de faire passer la première dans la seconde, passez le fil sur votre crochet et attirez-le à travers les deux mailles à la fois.

Barrette. Passez le fil sur le crochet, piquez-le dans une maille du tour précédent ou de la chaînette de la fondation ; passez de nouveau le fil sur le crochet et attirez-le à travers la maille, vous aurez 3 mailles sur le crochet ; passez encore le fil sur le crochet, et attirez-le à travers les deux premières mailles ; passez le fil une quatrième fois sur le crochet et attirez-le à travers les deux mailles qui vous restent. Cela termine une bar-

Barrette.

rette ordinaire. On peut la rendre un peu plus haute en attirant le fil à travers la première maille seulement lorsqu'on en a trois sur le crochet ; pour le reste on continue de même que pour la barrette ordinaire. Nous nommerons ce second genre de barrette, *grande barrette.*

Demi-barrette. Elle se fait comme la barrette ordinaire, seulement lorsqu'on a trois mailles sur son crochet, on attire le fil avec le crochet à travers toutes les trois à la fois, ce qui rend la barrette beaucoup plus courte.

Barrette double. Commencez par passer deux fois de suite le fil sur le crochet, puis procédez comme dans la barrette ordinaire en attirant toujours le fil à travers deux mailles à la fois.

Barrette triple. Elle se fait de même que la barrette double ; seulement on commence par passer trois fois de suite le fil sur le crochet. Cette barrette, excessivement longue et peu facile à faire, s'emploie très-rarement.

Au commencement de chaque tour, dans le crochet mat ordinaire, on fait une maille chaînette, si l'on veut maintenir le même nombre de mailles dans le tour, sans cela on perdrait une maille à chaque tour. Si le tour commence par une barrette, on y supplée par trois mailles chaînettes pour une barrette ordinaire, quatre pour une barrette double, et ainsi de suite.

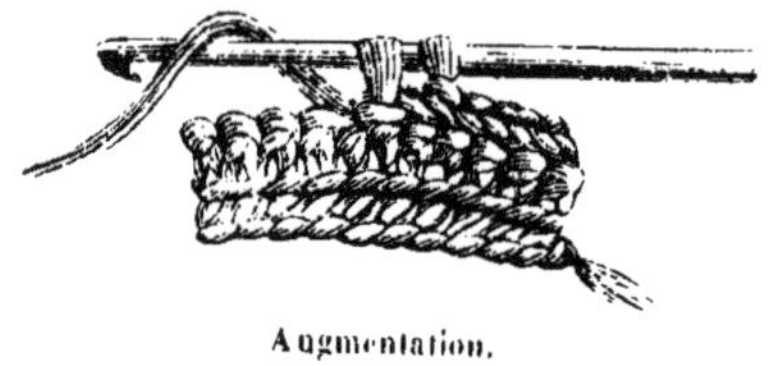

Augmentation.

Pour *augmenter,* on fait plusieurs mailles dans une seule.

Pour *diminuer*, on passe une ou plusieurs mailles sans y piquer le crochet.

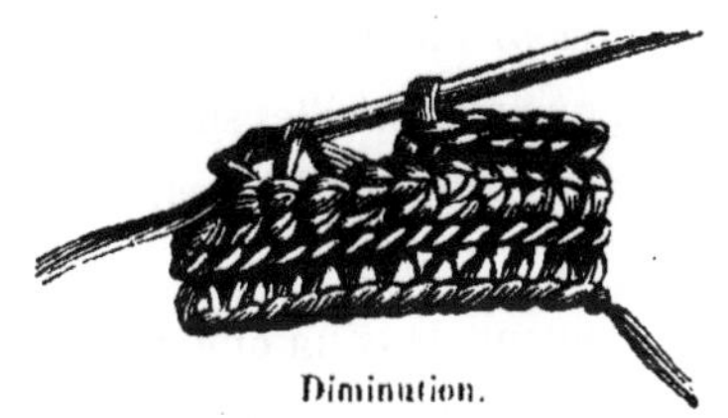

Diminution.

Après avoir fait la chaînette de la fondation, on exécute le premier tour en piquant le crochet dans les mailles chaînettes. Au tour suivant, on pique *ordinairement* le crochet dans la partie des mailles qui se trouve par devant; s'il en est autrement, cela est indiqué dans les explications.

Aller en allant et en revenant, est une expression dont on se sert souvent dans les explications du crochet ; cela signifie que lorsqu'on a terminé un tour, on retourne l'ouvrage et l'on revient sur les mailles que l'on vient de former, sans couper le fil. Autrement, si l'on doit commencer toujours par le même bout, ainsi que cela est souvent indiqué, il faut arrêter et couper le fil à la fin de chaque tour.

Pour arrêter, on coupe d'abord son fil en laissant un bout assez long, puis on attire le fil dans la dernière maille qui reste sur le crochet, on retire celui-ci, et on serre le fil.

Pour commencer à l'autre bout de l'ouvrage, on pique le crochet dans la première maille, on attire le fil à travers cette maille, mais en ayant soin d'en laisser pendre un bout de trois à quatre centimètres de longueur, en formant la première maille, on reprend ce petit bout en même temps que le bout opposé du fil, de manière à l'arrêter en dedans de la maille ou barrette.

Lorsqu'il s'agit de *réunir* un motif à un autre, on exécute, à l'envers de l'ouvrage, quelques mailles simples, en piquant dans la moitié seulement des mailles de la partie que l'on veut rattacher.

Pour changer de couleur dans un ouvrage, on laisse le brin de laine de la première couleur pendre derrière l'ouvrage, on termine la dernière maille avec le brin de la seconde couleur, et l'on mène le premier brin par derrière si le dessin change souvent de nuances et qu'on ne veuille pas couper le brin chaque fois.

De nouveaux termes se sont introduits depuis peu dans le crochet pour en rendre l'explication moins longue.

Un picot signifie la petite bouclette que l'on forme par quatre mailles en l'air en faisant une maille simple dans la première.

Un trèfle se compose de trois bouclettes de mailles plus ou moins longues réunies dans une seule. Il y en a plusieurs variétés que nous expliquerons dans le courant des ouvrages où ils se trouvent.

Une côte consiste en deux tours au crochet mat, que l'on fait en piquant toujours le crochet, pour le second tour, dans la partie de derrière des mailles du premier.

Un pois se compose d'une barrette exécutée en relief en piquant dans une maille de l'avant-dernier tour de l'ouvrage, ainsi que nous l'expliquons dans la description de la *barrette à manches*.

Nous donnons le dessin de deux picots exécutés sur une chaînette de maille, ainsi qu'il arrive souvent dans les ouvrages

Deux picots.   Deux trèfles.

que nous allons décrire ; de deux trèfles, l'un formé de trois picots séparés par des mailles chaînettes, l'autre composé de trois bouclettes ; un troisième trèfle exécuté en relief sur un

Trèfle en relief.

carré mat, et formé de trois bouclettes recouvertes au crochet feston et attachées dans une seule maille, ainsi que nous l'indiquons dans l'explication du petit bonnet imitation de guipure.

Carré mat avec pois en relief.

Enfin, un carré mat, avec pois en relief, formant un dessin régulier, semblable à ceux de la bavette à manches.

PREMIÈRE PARTIE.

EXPLICATION DE DIFFERENTS POINTS.

Nous avons réuni ici les explications d'un grand nombre de points de crochet qui serviront à une foule d'objets, tels que châles, pèlerines, écharpes, courtes-pointes, voiles de fauteuils et coussins.

N° 1. — CROCHET A CÔTES.

On monte une chaînette de mailles, puis on revient sur cette chaînette en faisant une *maille double* dans chaque maille. Dans les tours suivants, on pique toujours le crochet dans la partie de derrière des mailles. Chaque côte est formée par deux tours.

Nº 2. — CROCHET RUSSE.

Il se fait comme le crochet ordinaire; seulement on pique toujours le crochet sous la *maille entière*, c'est-à-dire sous les deux parties de chaque maille.

Nº 3. — CROCHET-TRICOT.

Sur la chaînette de la fondation, on fait un premier tour de mailles doubles, on arrête le fil et on le coupe. On recommence à l'autre bout du tour, on laisse entière la chaînette des mailles et l'on fait des mailles doubles en piquant toujours le crochet dans les mailles qui se trouvent derrière cette chaînette. Tous les tours se font semblables à ce dernier; on arrête et on coupe le fil à la fin de chaque tour pour commencer toujours au même bout de l'ouvrage. Ce crochet présente tout à fait l'aspect d'un tricot.

Nº 4. — CROCHET VAGUES.

On monte une chaînette de mailles comme pour le crochet ordinaire.

1er *tour*. 1 maille dans chacune des 6 premières mailles de la chaînette; 5 mailles dans la 7e, 1 maille dans chacune des 6 mailles suivantes; passez 2 mailles. Répétez depuis le commencement du tour; à la dernière répétition, pour terminer le tour, ne passez pas de mailles avant de faire les 6 dernières mailles doubles.

2e tour. Ce tour, ainsi que tous ceux qui suivent, est fait comme le précédent; seulement on commence par faire, au lieu de *six*, 7 mailles doubles; on fait 5 mailles dans celle du milieu des 5 mailles faites dans une seule du tour précédent. Dans le creux de chaque ondulation, on passe par-dessus les 2 mailles entre lesquelles on a passé 2 mailles au tour précédent. A la fin du tour on fait seulement 6 mailles; on laisse la dernière maille afin de maintenir toujours le même nombre.

Les ondulations se font plus ou moins larges suivant le nombre de mailles unies qu'on place entre les augmentations et les diminutions.

Nº 5. — CROCHET BOUCLÉ.

La fondation de ce travail se compose de barrettes; avant de

Crochet bouclé.

terminer la barrette, et lorsqu'on n'a plus qu'à passer le crochet à travers les deux dernières boucles, ou forme la bouclette sur le haut de la barrette ; pour cela, on pose un moule à franges plat, en buis, au-dessous de la barrette presque terminée, on jette la laine sur le moule, d'arrière en avant, on pique le crochet derrière le moule, on prend la laine avec le crochet, on l'attire à travers les deux boucles restées sur le crochet et destinées à terminer la barrette. On fait toutes les barrettes de la même manière ; quand le tour est terminé, on retire le moule, on arrête et on coupe la laine, et on le rattache de l'autre côté, derrière les bouclettes ; dans ce second tour ainsi que dans tous les tours suivants, on forme les barrettes en piquant entre chaque barrette du tour précédent, sous la chaînette.

On coupe la laine au bout de chaque tour, et on reprend toujours l'ouvrage, derrière les bouclettes formées dans le tour précédent ; ces bouclettes se trouvent sur l'envers du travail qui en devient par conséquent l'endroit.

N° 6. — CROCHET POINT D'ÉCHELLE.

Ce crochet s'exécute sur deux moules en buis, plats et plus ou moins larges.

Après avoir fait une chaînette pour la fondation, on en tire a dernière maille de manière qu'elle devienne de la hauteur du moule ; on place le moule derrière cette longue boucle et devant le brin de laine, on attire la laine dans le haut de la boucle, par-dessus le moule qui se trouve entouré, et l'on fait une maille simple. On laisse toujours le brin de laine derrière le moule, on pique le crochet sans élargir la maille qui se trouve dessus, dans la maille suivante de la chaînette du bas, on attire une longue boucle à travers cette maille jusqu'en haut du moule où l'on fait une maille simple comme auparavant ; on continue de même jusqu'à la fin du tour. On laisse le moule dans les boucles, et l'on commence le second tour, qui se fait absolument comme le premier, sur le second moule, et en piquant le crochet dans la chaînette des mailles qui surmonte les boucles du tour précédent. Lorsque le second tour est fini, on retire le premier moule du premier tour, on s'en sert pour le troisième, et ainsi de suite.

Nº 7. — Crochet feston.

Ce point se fait en piquant le crochet sous une chaînette de mailles, et en formant des mailles doubles très-serrées, ou bien des barrettes. Pour faire une écaille de feston, on fait souvent des mailles graduées, c'est-à-dire, maille simple, maille double, demi-barrette, barrette, barrette double en montant, puis on redescend dans les mêmes proportions en terminant par une maille simple.

Nº 8. — Crochet carré.

Le crochet carré se compose de carrés mats et de carrés à jours. Pour chaque carré mat, on fait 5 barrettes l'une à côté de l'autre ; pour les carrés à jours, on fait 1 barrette, 2 mailles chaînettes, en passant sous la maille chaînette deux mailles du tour précédent; lorsqu'un carré à jours succède à un carré mat, la dernière barrette de celui-ci compte pour le premier côté du carré à jours.

N° 9. — CROCHET A JOURS.

Le crochet à jours, ordinaire, se compose de carrés ouverts, décrits plus haut; après le premier tour, on fait les barrettes en piquant dans les ouvertures sous les mailles chaînettes au lieu de piquer dans les mailles. On fait aussi ce point plus ouvert en augmentant le nombre des mailles chaînettes; on passe toujours autant de mailles du tour précédent que l'on fait de mailles chaînettes.

N° 10. — CROCHET IMITANT L'HERMINE.

On fait une fondation au crochet carré à jours. On prépare ensuite des brins de laine blanche de 15 à 20 centimètres de longueur, on les met deux ou trois fois doubles suivant l'épaisseur que l'on désire donner au tissu, et quelques brins de laine noire de même longueur; ensuite on travaille par-dessus la fondation en piquant dans l'ouverture de chaque carré. Dans chaque ouverture on pique le crochet, sous la chaînette; on pose les brins de laine coupée, en biais sur cette chaînette on passe le crochet sous le milieu de ces brins en même temps que sous la laine avec laquelle on travaille, et on forme une boucle

en attirant le long bout de laine seulement, sous les brins cou-
pés, à travers l'ouverture, puis on passe la laine à travers les
deux boucles sur le crochet, et les brins de laine se trouvent
attachés dans la maille. On continue de même pour tous les
tours ; parmi la laine blanche, on introduit, à distances régulières, les brins de laine noire pour figurer les queues de l'hermine.

Crochet imitant l'hermine.

Lorsque l'ouvrage est terminé, les brins de laine doivent être
peignés avec soin avec un fin peigne d'acier qui divise les brins
dont la laine est composée et lui donne l'apparence d'une
fourrure.

On forme ainsi de charmants tapis de pied et des bordures de coussins et de dessous de lampe.

N° 11. — Crochet coquilles.

Ce point forme de jolies garnitures. Après avoir formé la chaînette, on fait une maille double, puis deux mailles chaînettes sous lesquelles on passe une maille ; dans la maille suivante, on fait six barrettes doubles, puis encore deux mailles chaînettes sous lesquelles on passe une maille et on répète toujours de même jusqu'au bout du tour ; en revenant, on fait une maille double en piquant le crochet dans l'ouverture sous les deux mailles chaînettes, puis une maille chaînette, on passe par-dessus tout le groupe de six barrettes doubles et l'on va piquer le crochet par derrière dans l'ouverture sous les deux mailles chaînettes suivantes. Au tour suivant on fait une maille double dans la maille chaînette qui se trouve derrière les six barrettes doubles, puis deux mailles chaînettes, ensuite six barrettes doubles dans la maille chaînette suivante, deux mailles en l'air, une maille double dans la maille chaînette suivante et ainsi de suite.

N° 12. — Crochet boules.

Pour former ce point, on passe d'abord le fil sur son crochet, on pique le crochet dans une maille de la chaînette, on attire le fil à travers l'ouverture, absolument comme si l'on allait faire une barrette ordinaire ; mais au lieu de terminer la barrette on

passe encore deux fois le fil sur le crochet et à travers la même
maille ; on a alors en tout sept boucles sur le crochet et on attire le fil à travers toutes ces boucles à la fois, puis on fait une
maille chaînette, on passe une maille et on recommence.

Aux tours suivants on forme les *boules* en piquant le crochet
sous l'ouverture des mailles chaînettes du tour précédent. Ce
point se reproduit beaucoup mieux en grosse laine qu'en coton.

N° 13. — CROCHET POINT DE TAPISSERIE.

Piquez le crochet dans la seconde maille de la chaînette,
tournez le fil en dessous du crochet et attirez-le dans cette
maille ; vous aurez alors deux mailles sur le crochet ; tournez
le fil une fois, mais en dessus du crochet, et attirez-le dans les
deux mailles ; piquez dans la maille suivante, tournez le fil en
dessous du crochet, attirez-le dans la maille suivante et répétez
toujours de même jusqu'à la fin du tour, où vous couperez le
fil. Aux tours suivants, travaillez de même, mais en piquant toujours le crochet sous les deux parties de la maille, ainsi qu'il a
été expliqué dans le *crochet russe*.

N° 14 — CROCHET PERLES.

Lorsqu'on a terminé la chaînette de la fondation, on pique le
crochet dans la seconde maille de cette chaînette et on attire le
fil à travers cette maille ; on a deux boucles sur le crochet. On
forme alors une chaînette de trois mailles en piquant dans la

boucle formée la dernière et laissant la première sur le crochet, puis on pique le crochet, par derrière, dans l'ouverture d'où part la chaînette de trois mailles, on passe le fil sur le crochet et on l'attire à travers cette ouverture, et en même temps à travers la dernière maille de la chaînette et à travers la boucle

Crochet perles.

qui se trouvait en premier lieu sur le crochet, on a ainsi formé la première *perle*, on fait une maille chaînette, sous laquelle on passe une maille et dans la maille suivante on commence une seconde perle. Aux tours suivants on alterne les perles en les formant toujours dans les ouvertures du tour précédent. On coupe et on arrête le fil au bout de chaque tour, afin de commencer toujours du même côté.

N° 15. — CROCHET ANANAS.

Il faut un crochet spécial pour ce point ; ce crochet est très-long, très-évidé à sa tête et terminé par une boule.

On fait une chaînette, comme pour tous les crochets.

1er *tour*. Tournez la laine trois fois autour du crochet, piquez dans la troisième maille, tournez la laine une fois et attirez-la dans les cinq brins de laine qui sont sur le crochet, soutenez bien le tout entre le pouce et l'index, tirez doucement le crochet, en faisant glisser dessus les brins de laine, faites une maille chaînette. La première boule se trouve ainsi terminée. Pour la seconde boule, recommencez en tournant la laine trois fois autour du crochet, et piquez dans la deuxième maille après la deuxième boule. Toutes les boules, dites *ananas*, se font de même. A la fin du tour, arrêtez et coupez la laine.

2e *tour*. Faites une boucle et passez le crochet dedans ; piquez dans la première maille, tournez la laine une fois, attirez-la dans la maille que vous avez, tournez la laine trois fois, et piquez dans la première boucle de la boule et dans la maille qui se trouve derrière ; tournez la laine une fois, attirez-la dans les cinq brins de laine, et faites une maille chaînette comme vous avez fait au rang précédent. Continuez ainsi jusqu'à la fin en piquant toujours de boule en boule. Arrêtez et coupez la laine à la fin du tour.

3e *tour*. Comme le 2e, et ainsi de suite.

N° 16. — CROCHET TUNISIEN.

Le *crochet tunisien* est une variété du crochet qui s'exécute en laine, avec un crochet très-long, assez gros, en os, en ivoire ou en bois, et dont le bout est terminé par une boule pour empêcher les mailles que l'on retient sur crochet, comme pour le tricot, de tomber.

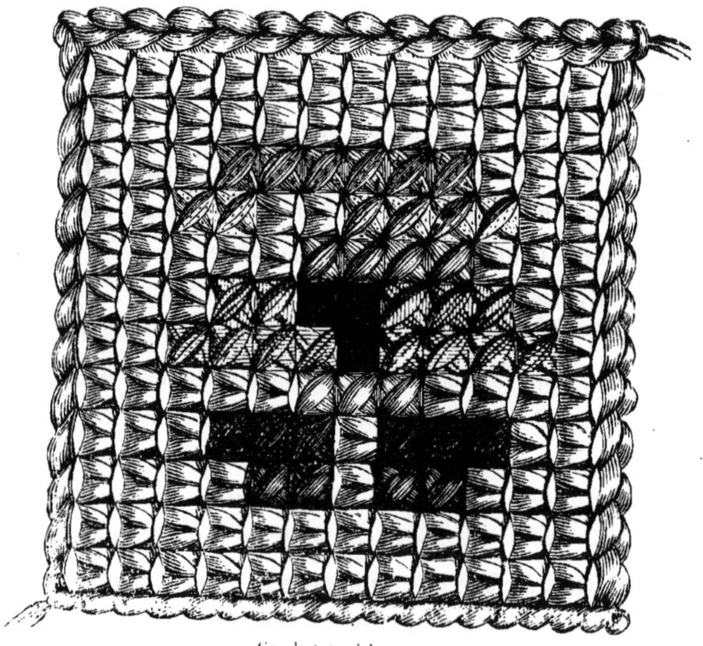

Crochet tunisien.

On commence par une chaînette de mailles comme pour le crochet ordinaire.

1er *tour*. Piquez le crochet dans la deuxième maille chaînette, en revenant, tournez la laine autour du crochet et attirez-la à travers la maille ; vous aurez alors deux mailles sur le crochet. Piquez le crochet dans la troisième maille, tournez la laine une fois sur le crochet, attirez-la de nouveau ; vous aurez alors trois mailles sur le crochet. Répétez le même procédé dans chaque maille de la chaînette, en retenant sur votre crochet toutes les mailles que vous formez.

2e *tour*. En revenant. Tournez la laine une fois sur le crochet et attirez-la dans la boucle que vous avez sur le crochet et dans la première maille verticale ; tournez la laine encore une fois sur le crochet, et attirez-la dans la maille verticale suivante. Continuez de même jusqu'à ce qu'il ne reste plus qu'une boucle sur le crochet.

3e *tour*. Passez le crochet dans la deuxième maille verticale qui passe par-dessus le tour que vous venez de faire ; tournez la laine une fois sur le crochet et attirez-la, passez le crochet dans la maille qui suit celle que vous venez de prendre, et continuez ainsi jusqu'à ce que vous ayez relevé toutes les mailles verticales du tour, en en formant de nouvelles. Répétez alternativement ces deux derniers tours.

On voit que pour former un *tour entier* au crochet tunisien il en faut faire deux, l'un de droite à gauche pour former les bouclettes, l'autre de gauche à droite, en revenant, pour les terminer.

Pour achever un ouvrage au crochet tunisien, on *rabat* les mailles au dernier tour, de la manière suivante : Lorsqu'on a

deux boucles sur le crochet, avant d'en former une troisième, on glisse la deuxième dans la première, on continue ainsi jusqu'au bout du tour et on arrête comme dans le crochet ordinaire.

Pour augmenter, on forme une nouvelle boucle sur le crochet en piquant dans la chaînette entre deux mailles verticales ; pour diminuer, on passe une maille.

On brode au point croisé sur le crochet tunisien comme sur le canevas, et l'on peut reproduire de cette manière des dessins très-variés en laines de couleur. Nous donnons le dessin d'un carré au crochet tunisien, avec un motif brodé par-dessus au point croisé en plusieurs nuances.

On fait ordinairement le crochet tunisien par bandes ou par carrés, que l'on rapproche ensuite en les cousant par un point de surjet passé dans chaque maille.

Notre modèle représente un carré dont le fond est en laine blanche avec un motif brodé par-dessus en laine bleue de 4 nuances. Il est très-convenable pour couvertures de berceaux.

Nous ajoutons l'explication de plusieurs variétés du crochet tunisien.

Nº 17. — CROCHET TUNISIEN A CÔTES.

Ce crochet se fait ordinairement de deux nuances, et souvent en laine blanche et en laine de couleur. On en forme de très-jolies écharpes et des cache-nez.

Avec la laine blanche formez une chaînette de mailles pour la fondation.

Faites le premier et le second tour comme pour le crochet tunisien ordinaire.

3e *tour*. Prenez la laine de couleur, passez-la dans la maille qui reste sur votre crochet, piquez le crochet dans la maille d'où sort la laine blanche, tournez la laine une fois dessus et attirez-la dans les deux mailles que vous avez sur le crochet, piquez le crochet dans la maille qui suit celle verticale, tournez la laine une fois sur le crochet et attirez-la encore dans les deux mailles que vous avez sur le crochet, piquez encore dans la maille qui suit celle verticale et ainsi de suite. Continuez de même jusqu'à la fin du tour. Arrêtez et coupez votre laine.

4e *tour*. Reprenez la laine blanche, piquez le crochet dans la première maille de derrière, tournez la laine une fois sur le crochet et attirez-la, piquez le crochet dans la maille suivante, tournez la laine une fois sur le crochet et attirez-la, vous aurez deux mailles sur le crochet. Continuez de même en relevant toutes les mailles sur le crochet.

N° 18. — CROCHET TUNISIEN A JOURS.

1er *et* 2e *tours*. Comme le crochet tunisien ordinaire.

3e *tour*. Au lieu de piquer le crochet dans les mailles verticales, piquez-le toujours dans la partie de derrière des mailles chaînettes qui se trouve sur le dessus du tour précédent, attirez la laine à travers chacune de ces mailles et gardez toutes les boucles sur le crochet.

4ᵉ tour. Comme le 2ᵉ tour du crochet tunisien ordinaire.

Répétez alternativement ces deux derniers tours.

Nº 19. — CROCHET TUNISIEN IMITANT LE TRICOT.

1ᵉʳ et 2ᵉ tours. Comme le crochet tunisien ordinaire.

3ᵉ tour. Piquez le crochet sous chaque maille verticale, à travers l'ouvrage, attirez la laine et gardez toutes les boucles ainsi formées sur votre crochet.

4ᵉ tour. Comme le 2ᵉ tour du crochet tunisien ordinaire.

Répétez alternativement ces deux derniers tours.

Nº 20. — POINT JETÉ.

1ᵉʳ et 2ᵉ tours. Comme le crochet tunisien ordinaire..

3ᵉ tour. Piquez toujours le crochet sous la chaînette du tour précédent dans chaque vide entre les mailles verticales, attirez la laine à travers ces vides, et gardez sur votre crochet toutes les boucles ainsi formées.

4ᵉ tour. Comme le crochet tunisien ordinaire.

Répétez alternativement ces deux derniers tours.

Nº 21. — POINT COUSU.

1ᵉʳ et 2ᵉ tours. Comme le crochet tunisien ordinaire.

3ᵉ tour. Prenez la première maille verticale comme dans le crochet tunisien ordinaire, ensuite passez le crochet d'abord dans la partie supérieure de la chaînette qui se trouve entre les mailles verticales, puis dans la maille verticale suivante, attirez la laine à travers ces deux mailles à la fois et continuez ainsi jusqu'à la fin du tour.

4e *tour*. Comme le 2e tour du crochet tunisien ordinaire.

N° 22. — POINT RAYÉ.

Montez une chaînette de mailles divisibles par 4, et une de plus de chaque côté pour les lisières.

1er *tour*. Comme le crochet tunisien ordinaire.

2e *tour*. Passez la laine sur le crochet et attirez-la à travers la première maille, passez la laine sur le crochet et attirez-la à travers les trois mailles suivantes, passez encore la laine sur le crochet et attirez-la à travers la maille suivante, continuez ainsi à attirer la laine alternativement à travers trois, puis à travers une seule maille jusqu'à la fin du tour.

3e *tour*. Piquez le crochet dans la première ouverture entre la première maille verticale et le premier groupe de trois mailles, attirez la laine à travers et gardez la boucle sur le crochet, piquez ensuite le crochet dans le brin de laine qni rattache les trois mailles ensemble, par derrière, et attirez la laine à travers, piquez ensuite dans l'ouverture qui suit le groupe de trois mailles, puis dans le brin qui se trouve derrière la maille isolée, ensuite dans l'ouverture qui suit cette maille, après cela encore dans le brin qui rattache le groupe de trois mailles suivant, toujours en formant de nouvelles bouclettes de laine que

vous gardez sur le crochet ; continuez de même jusqu'à la fin
du tour.

Répétez le 2e tour, en ayant soin de former toujours les groupes de trois bouclettes au-dessus de ceux du tour précédent.
On fait alternativement le 2e et le 3e tours.

No 25. — Point imitant l'astracan.

Ce point est très-joli pour bordures ; on en fait aussi de char-
mantes pèlerines ; on le fait en laine noire ou grisaille.

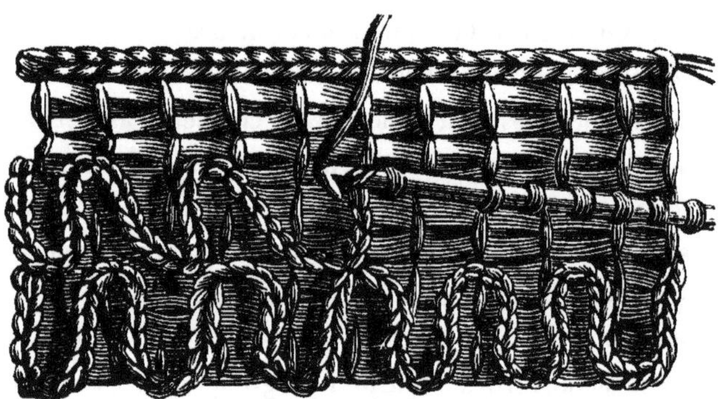

Point imitant l'astracan.

On exécute d'abord la doublure ou fondation de l'ouvrage
au crochet tunisien ordinaire. Ensuite on attache la laine à la
première maille de l'ouvrage, puis on pique le crochet et on
attire la laine dans chacune des mailles verticales du premier
tour, on garde les boucles sur le crochet. En revenant, on passe
la laine à travers la dernière maille qu'on a sur son crochet, on
fait trois mailles chaînettes, puis une quatrième maille chaî-

nette que l'on forme en même temps qu'on passe la laine dans la boucle suivante, on fait encore trois mailles chaînettes, et ainsi de suite.

On répète le même travail dans chaque tour de la *doublure* de l'ouvrage. Si l'on désire que le tissu soit moins épais, on passe un tour entre chaque tour de bouclettes.

N° 24. — POINT ENLACÉ.

Montez une chaînette de mailles divisible par 3, avec une de plus pour chaque lisière.

1er *tour*. Comme le crochet tunisien ordinaire.

2e *tour*. Mailles de lisière comme à l'ordinaire, quant aux autres mailles, prenez-les trois par trois, c'est-à-dire passez toujours le crochet à travers trois mailles à la fois, faites une maille chaînette entre chaque groupe de trois mailles.

3e *tour*. Piquez le crochet sous chacune des mailles verticales que vous avez démontées trois par trois dans le tour précédent, de manière à laisser ces mailles entières et à en former d'autres qui sont enlacées à celles-ci et semblent en sortir.

4e *tour*. Comme le 2e tour, en ayant soin de laisser glisser ensemble, hors du crochet, les mêmes trois mailles qui ont déjà été démontées dans l'avant-dernier tour.

Répétez alternativement ces deux derniers tours.

N° 25. — POINT DE VITRAGE.

1er tour. On pique le crochet dans deux mailles successives pour y former des boucles que l'on garde sur son crochet comme pour le crochet tunisien, on passe la troisième maille de la chaînette, on fait une maille chaînette, on pique le crochet dans les deux mailles suivantes, et ainsi de suite.

2e tour. On passe la laine dans les deux mailles qui se trouvent l'une près de l'autre, on fait trois mailles en l'air, on passe la laine dans les deux mailles suivantes, on fait encore trois mailles chaînettes, et ainsi de suite.

3e tour. On passe la laine dans la maille du milieu des trois mailles chaînettes, on garde la boucle ainsi formée sur son crochet, on passe la laine, mais cette fois *sous* la chaînette, dans le vide par conséquent, et l'on forme une seconde boucle que l'on retient également sur son crochet ; on continue de même jusqu'à la fin du tour, de manière que les jours soient contrariés. Il faut avoir soin de faire toujours les mailles de lisière comme dans le crochet ordinaire, sans cela le travail irait en biais.

4e tour. Comme le 2e.

N° 26. — POINT IMPÉRIAL.

Ce point imite le point de tapisserie dit *point impérial.*

On fait la chaînette, le premier et le deuxième tours, comme dans le crochet tunisien ordinaire.

Au troisième tour, au lieu de relever les mailles verticales par devant on pique le crochet *par derrière* dans le côté opposé de ces mailles, en laissant entière la chaînette de mailles sur le dessus du tour; cette chaînette entière se trouve ainsi repoussée par devant et devient la ligne transversale de la *croix* que décrit ce point.

On fait le 4e tour, en revenant, comme à l'ordinaire, puis on recommence le 5e, et ainsi de suite.

N° 27. — POINT DOUBLE.

La chaînette et les lisières de chaque tour se font comme dans le crochet tunisien ordinaire.

1er *tour*. Ce tour se fait comme le premier du crochet tunisien ordinaire; seulement, entre chaque boucle que l'on forme, on jette le brin et on le conserve sur le crochet.

2e *tour*. Piquez le crochet à la fois dans la maille verticale et dans la maille *jetée* qui la précède, et attirez la laine à travers toutes les deux.

5e *tour*. Comme le 1er, seulement en piquant toujours dans les vides qui précèdent les mailles jetées au lieu de piquer dans les mailles.

Répétez alternativement ces deux derniers tours.

N° 28. — POINT TOISON.

Ce point s'exécute comme le point tunisien ordinaire, seulement entre toutes les trois mailles verticales, en revenant, on forme une bouclette de six mailles chaînettes qu'on laisse pendre sur l'endroit de l'ouvrage. On alterne ces bouclettes à chaque tour, de manière à les contrarier.

N° 29. — POINT D'ENGRELURES.

Ce point s'emploie beaucoup pour cache-nez, on le fait en laine blanche et de couleur.

1er et 2e tours. Laine blanche. Comme le crochet tunisien ordinaire.

3e tour. Comme le crochet tunisien ordinaire.

4e tour. En revenant. On passe la laine successivement à travers deux boucles, on fait trois mailles chaînettes, on passe la laine à travers les deux boucles suivantes, et ainsi de suite. On fait ce tour avec la laine de couleur.

5e tour. Laine blanche. On passe la laine à travers les deux mailles verticales entre les mailles chaînettes, en même temps, on forme ensuite une boucle en piquant le crochet sous la chaînette des trois mailles, on passe la laine dans les deux mailles suivantes, et ainsi de suite.

6e tour. Comme le 2e du crochet tunisien ordinaire. On fait ensuite deux tours entiers au crochet tunisien ordinaire avec la laine blanche, puis on recommence au 5e tour.

N° 50. — POINT BROCHÉ.

Ce point diffère considérablement des précédents ; il se fait avec deux crochets : l'un est le crochet tunisien à boule ; l'autre est du double plus gros, et pointu à l'extrémité au lieu d'être à boule.

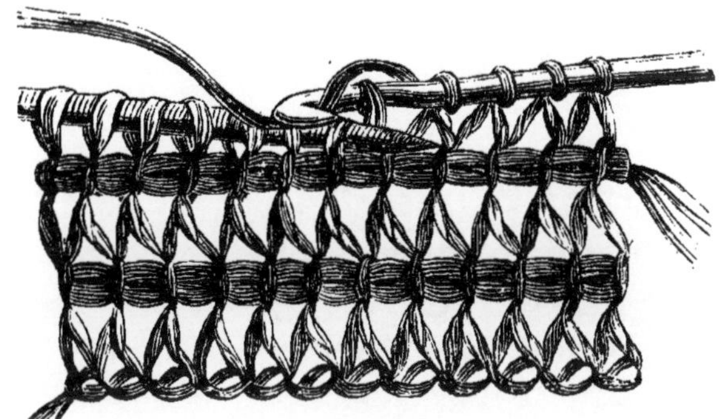

Point broché.

On fait ce crochet en deux couleurs, noir et blanc, par exemple. On monte la chaînette avec la laine noire et sans couper cette laine, on attache la laine blanche double ; puis, avec le crochet sans boule, on passe la laine à travers chaque maille en conservant toutes les boucles sur le crochet. A la fin du tour, on coupe la laine.

2e *tour*. Avec la laine noire, en revenant. On pique le crochet dans chaque maille, par derrière, de manière que les deux côtés de la maille se croisent, en enlevant en même temps chaque maille du crochet où elle se trouve et formant une nouvelle boucle sur l'autre crochet.

3e tour. Laine noire. Comme le 2e tour du crochet tunisien ordinaire.

4e tour. Laine blanche double. On passe la laine double, avec le crochet sans boule, à travers chaque maille verticale et on conserve toutes les boucles sur le crochet.

On recommence au 2e tour.

DEUXIÈME PARTIE.

OBJETS DE TOILETTE.

PETIT BONNET DU PREMIER AGE.

Coton C. B. nᵒ 150. Crochet en acier, nᵒ 2.

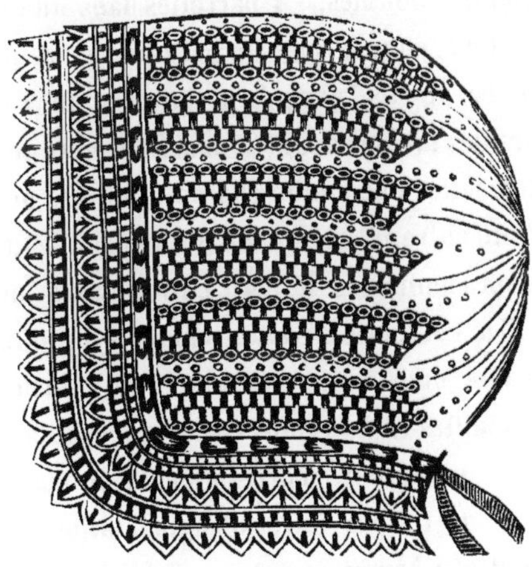

Le fond de ce bonnet se compose d'une étoile, mais il ne

s'exécute pas en rond ; le bonnet se fait tout d'une seule pièce, en allant et en revenant.

Montez 86 mailles. Revenez sur les mailles en faisant une maille double sur chaque maille de la chaînette. Faites ensuite un tour de mailles doubles, en piquant toujours le crochet dans la partie de derrière des mailles, afin de former une côte.

2ᵉ *côte.* Laissez cinq mailles de la côte précédente dans le haut, c'est-à-dire à l'endroit qui doit former le milieu de l'étoile pour le fond du bonnet, faites un tour de mailles doubles et revenez, toujours en mailles doubles et en piquant le crochet dans la partie de derrière des mailles ; cette dernière recommandation s'applique à tous les tours de l'ouvrage et il ne faut pas l'oublier.

3ᵉ *côte.* Laissez cinq mailles du tour précédent, dans le haut. Faites trois mailles doubles, ˙ 4 barrettes dans une seule maille du tour précédent, pour former un petit pois en relief, 8 mailles doubles, répétez depuis ˙ jusqu'à la fin du tour. En revenant, faites toujours des mailles doubles, mais derrière le pois formé par 4 barrettes, faites une maille chaînette afin de ne pas perdre un point. Au tour suivant, laissez encore cinq mailles dans le haut ; en revenant, on commence le petit entre-deux à jours ; 2 barrettes, ˙ 8 mailles chaînettes, passez 8 mailles du tour précédent (chaque fois que nous indiquerons une ou plusieurs mailles chaînettes ou mailles *en l'air* dans cet ouvrage, il faudra passer, sur ces mailles, un nombre correspondant de mailles du tour précédent, afin de ne pas faire d'augmentation), 1 barrette, 1 maille chaînette, 1 barrette ; répétez 3 fois depuis ˙ ; terminez par 8 mailles chaînettes, 2 mailles doubles, 1 maille simple, et cassez le fil après l'avoir simplement glissé dans la maille, sans faire de nœud.

Recommencez à l'autre bout du tour et faites 2 barrettes, 2 mailles chaînettes, puis * 4 barrettes sur les 4 mailles du milieu des 8 mailles chaînettes du tour précédent, 3 mailles chaînettes, 1 barrette sur la maille chaînette qui sépare les 2 barrettes du tour précédent; 3 mailles chaînettes, répétez 3 fois depuis *; ensuite faites encore 2 mailles chaînettes, 3 mailles doubles et 1 maille simple, cassez votre fil et recommencez à l'autre bout du tour.

3e *tour de l'entre-deux.* 5 barrettes, 2 mailles chaînettes, 3 barrettes *, 3 mailles chaînettes, 3 barrettes, 3 mailles chaînettes, 3 barrettes; répétez 2 fois depuis *, puis faites encore 2 mailles chaînettes, 2 mailles doubles et 1 maille simple; cassez votre fil et recommencez à l'autre bout du tour.

4e *tour.* 2 barrettes, 3 mailles chaînettes, * 4 barrettes, en commençant sur la dernière des trois barrettes du tour précédent, 3 mailles chaînettes, 1 barrette, 3 mailles chaînettes; répétez 2 fois depuis *; puis faites : 4 barrettes, 3 mailles chaînettes, 2 mailles doubles, 1 maille simple; ne cassez pas le fil, mais revenez sur le dernier tour, en faisant 1 maille simple, 2 mailles doubles, puis toujours 8 mailles chaînettes, 1 barrette, 1 maille chaînette, 1 barrette, et ainsi de suite comme au premier tour de l'entre-deux.

Vous aurez alors terminé la première raie mate et le premier entre-deux à jours; au bout du dernier tour, cassez le fil.

Reprenez l'ouvrage par le bout où se trouvent les diminutions; commencez sur la première maille du haut de la première côte, et faites, tout le long de l'ouvrage, un tour de mailles doubles, en reprenant toutes les mailles qui sont restées libres pour les diminutions; il faut arrêter les bouts de fil en les glissant en dessous des mailles. Derrière le premier pois, on fait une maille chaînette; on continue le tour de mailles doubles au-dessus du dernier tour de l'entre-deux.

Vous avez commencé la seconde raie mate, elle se fait absolument comme la première; faites donc un tour de mailles doubles et puis recommencez à la 2ᵉ côte, en suivant les indications déjà données. Continuez de la même manière jusqu'à ce que vous ayez obtenu quatre raies mates et trois entre-deux à jours. Au bout de la 4ᵉ raie mate, augmentez de 79 mailles pour la passe, et continuez le même travail jusqu'à ce que vous ayez en tout douze raies mates et douze entre-deux à jours. Faites ensuite, tout autour du bonnet, un tour de mailles doubles, puis un tour de barrettes pleines. Terminez par une double garniture, formant dentelle.

DENTELLE.

1ᵉʳ *tour de la dentelle.* 6 mailles chaînettes, 4 barrettes. Répétez de même jusqu'à la fin du tour.

2ᵉ *tour.* 2 mailles chaînettes, 2 barrettes. Répétez.

3ᵉ *tour.* 1 barrette dans chaque maille.

4ᵉ *tour.* 5 mailles chaînettes, 1 barrette triple. Répétez.

5e *tour.* 1 barrette, 5 mailles chaînettes. Répétez.

6e *tour.* 2 barrettes, 2 mailles chaînettes. Répétez.

7e *tour.* 5 barrettes, 7 mailles chaînettes. Répétez.

8e *tour.* 3 mailles doubles sur les 5 barrettes du milieu des 5 barrettes du tour précédent, 4 mailles chaînettes, 1 maille double, 4 mailles chaînettes Répétez depuis le commencement du tour.

9e *tour.* 1 maille double sur la maille du milieu des 3 mailles doubles du tour précédent, 3 mailles chaînettes, 5 barrettes, 3 mailles chaînettes, 5 barrettes, 3 mailles chaînettes. Répétez depuis le commencement de ce tour, qui termine la dentelle.

On reprend l'ouvrage par-dessus le tour de barrettes mates, et l'on exécute une seconde petite dentelle qui paraît être posée par-dessus la première.

1er *tour.* 2 barrettes, 2 mailles chaînettes. Répétez.

2e *tour.* 5 barrettes, 7 mailles chaînettes. Répétez.

Répétez ensuite les deux derniers tours de la première dentelle. Le petit bonnet n'a pas besoin d'autre garniture, on passe un ruban au-dessus de la seconde dentelle, entre les ouvertures du crochet, et on le noue en rosette par derrière; on ajoute des brides en taffetas.

BONNET DE BAPTÊME

EN IMITATION DE GUIPURE D'IRLANDE.

Coton C. B. n° 150. Crochet en acier, n° 2.

Montez 7 mailles chaînettes, glissez le crochet dans la 5e pour former un *picot,* 8 mailles chaînettes, 1 picot dans la 5e, 2 mailles chaînettes, 1 maille simple sur la 2e maille chaînette, après le permier picot, 15 mailles chaînettes, 1 picot, 6 mailles chaînettes, 1 picot, 8 mailles chaînettes, 1 picot, 6 mailles chaînettes, 1 picot 2 mailles chaînettes, 1 maille simple sur la 3e maille chaînette, après les 4 picots, 14 mailles chaînettes, 1 picot, 8 mailles chaînettes, 1 picot, 2 mailles chaînettes; 1 maille simple sur la 3e maille chaînette après les 2 picots.

2e, 3e *et* 4e *tours.* 15 mailles chaînettes.

5e *tour.* 15 mailles doubles, 7 mailles chaînettes, 1 picot, 6 mailles chaînettes, 1 picot, 8 mailles chaînettes, 1 picot, 6 mailles chaînettes, 1 picot, 2 mailles chaînettes.

6e *tour.* 7 mailles doubles, 1 maille chaînette, passez 1 maille, 7 mailles doubles, 7 mailles chaînettes, 1 picot, 6 mailles chaînettes, 1 picot, 8 mailles chaînettes, 1 picot, 6 mailles chaînettes, 1 picot, 2 mailles chaînettes.

7e *tour.* 8 mailles doubles. A cet endroit on forme le trèfle en relief, 6 mailles chaînettes, 1 maille double à droite de la petite ouverture formée par la maille chaînette au tour précédent, 6 mailles chaînettes, 1 maille double à gauche de la petite ouverture, 6 mailles chaînettes, piquez dans la première bouclette du

trèfle, faites 9 points de crochet feston dans chaque bouclette, fermez le trèfle par 1 maille simple sur le premier point
de feston de la première bouclette ; continuez par 7 mailles
doubles sur le tour du carré mat.

8e et 9e tours. 15 mailles doubles.

10e tour. 15 mailles doubles , 7 mailles chaînettes , 1 picot,
8 mailles chaînettes, 1 picot, 2 mailles chaînettes.

11e tour. 8 mailles doubles, 7 mailles chaînettes , 1 picot,
6 mailles chaînettes , 1 picot , 8 mailles chaînettes, 1 picot,
6 mailles chaînettes, 1 picot, 2 mailles chaînettes, 1 maille simple
sur la dernière maille double, 7 mailles doubles, 7 mailles chaînettes, 1 picot, 8 mailles chaînettes, 1 picot, 2 mailles chaînettes.
Cassez le fil et arrêtez-le au bord de la onzième rangée.

12e tour. Piquez sur le bord d'une des branches qui entourent
le carré, 2 mailles chaînettes entre toutes les branches, 1 maille
double sur le haut de chaque branche.

13e tour. Mailles doubles.

14e tour. 5 mailles doubles, 7 mailles chaînettes, 1 picot,
6 mailles chaînettes, 1 picot, 8 mailles chaînettes , 1 picot,
6 mailles chaînettes, 1 picot, 2 mailles chaînettes. Reprenez
dans la dernière maille double.

15e tour. 1 maille simple sur le haut de chaque branche,
6 mailles chaînettes entre toutes les branches.

16e et 17e tours. Mailles doubles. A cet endroit, on commence
le deuxième carré.

1er tour du 2e carré. 15 mailles chaînettes, 1 barrette sur une
des mailles doubles du rond.

2e, 3e, 4e, 5e et 6e *tours*. Mailles doubles. 7 mailles chaînettes, 1 picot, 6 mailles chaînettes, 1 picot, 10 mailles chaînettes, 1 picot, 6 mailles chaînettes, 1 picot, 2 mailles chaînettes, 1 maille simple sur la 3e maille chaînette, après les 4 picots, 7 mailles chaînettes, 1 picot, 6 mailles chaînettes, 1 picot, 2 mailles chaînettes.

7e *tour*. 7 mailles doubles, 1 maille chaînette, passez 1 maille, 7 mailles doubles, 7 mailles chaînettes, 1 picot, 6 mailles chaînettes, 1 picot, 2 mailles chaînettes, 1 maille simple sur la sixième maille du rond, 7 mailles chaînettes, 1 picot, 6 mailles chaînettes, 1 picot, 10 mailles chaînettes, 1 picot, 6 mailles chaînettes, 1 picot, 1 maille simple sur la maille simple, 7 mailles chaînettes, 1 picot, 6 mailles chaînettes, 1 picot, 2 mailles chaînettes.

8e *tour*. Semblable au 7e tour du 1er carré.

9e, 10e et 11e *tours*. Mailles doubles. 5 mailles chaînettes, 1 picot en dessus, 6 mailles chaînettes, 1 picot en dessous, 1 maille chaînette.

1er *tour du 3e carré*. 15 mailles chaînettes, 1 barrette sur la 6 maille du rond. Voir au 1er tour du 2e carré.

Tour au-dessus des carrés. 10 mailles chaînettes, 1 barrette sur le carré, 10 mailles chaînettes, 1 maille double sur le milieu de la branche guipure.

Au tour suivant, mailles doubles.

Le bonnet doit être doublé en taffetas blanc et garni de dentelle et de ruban.

BONNET D'ENFANT DU SECOND AGE.

Coton C. B., n° 120. Crochet en acier, n° 3.

Ce bonnet est beaucoup plus simple et plus facile à faire que les deux précédents.

Montez 7 mailles chaînettes et formez-en un rond.

1er *tour.* 1 barrette, 3 mailles chaînettes. Répétez 20 fois.

2e *tour.* 1 maille double dans l'ouverture des mailles chaînettes du tour précédent, 4 mailles chaînettes. Répétez.

3e *tour.* Comme le deuxième.

4e *tour.* Comme le deuxième.

5e *tour.* Comme le deuxième; seulement, faites 5 mailles chaînettes entre les mailles doubles, au lieu de 4.

6e *tour.* 6 barrettes en commençant sur la maille double du tour précédent, 4 mailles chaînettes, 1 maille double dans l'ouverture suivante des mailles chaînettes du tour précédent, 4 mailles chaînettes. Répétez.

7e *tour.* 4 barrettes en commençant sur la 2e des 6 du tour précédent, 5 mailles chaînettes, 1 maille double sur celle du tour précédent, 5 mailles chaînettes. Répétez.

8e *tour.* Comme le 7e; seulement faites 6 mailles chaînettes au lieu de 5.

9e *tour.* Comme le 7e; seulement, faites 7 mailles chaînettes au lieu de 5.

10e *tour.* 1 barrette sur la maille double du tour précédent,

5 mailles chaînettes, passez 5 mailles, 1 barrette dans chacune des 8 mailles suivantes, 5 mailles chaînettes. Répétez.

11ᵉ *tour.* 10 mailles doubles en commençant sur la maille qui précède les 8 barrettes du tour précédent, 6 mailles chaînettes. Répétez.

12ᵉ *tour.* 1 barrette dans chaque maille.

13ᵉ *tour.* 1 barrette, 2 mailles chaînettes, passez 2 mailles. Répétez.

14ᵉ *tour.* 5 barrettes, 5 mailles chaînettes, passez 5 mailles. Répétez.

15ᵉ *tour.* 3 barrettes en commençant sur la seconde des 5 barrettes du tour précédent, 3 mailles chaînettes, passez 3 mailles, 1 barrette dans la maille du milieu des 5 mailles chaînettes du tour précédent, 3 mailles chaînettes. Répétez.

16ᵉ *tour.* 1 barrette dans celle du centre des 3 barrettes du tour précédent, 3 mailles chaînettes, passez 3 mailles, 3 barrettes, 3 barrettes, 3 mailles chaînettes. Répétez.

17ᵉ *tour.* 5 barrettes en commençant sur la dernière des mailles chaînettes qui précèdent les 3 barrettes du dernier tour, 5 mailles chaînettes. Répétez.

Répétez deux fois les trois derniers tours.

Commencez ensuite à travailler en allant et en revenant, et non plus en rond, et laissez 30 mailles libres derrière le bonnet; pour la passe, continuez le dessin de losanges, comme dans les trois derniers tours jusqu'à ce que trois dessins entiers soient terminés, c'est-à-dire 15 tours ; ensuite faites 2 tours de crochet à jours ordinaires. Puis un tour de barrettes.

PETITE BAVETTE A COTES.

IMITATION DE PIQUÉ.

Coton C. B., n° 20. Crochet en acier, n° 3.

Pour former les côtes, on pique toujours le crochet dans la partie de derrière des mailles.

Montez 48 mailles chaînettes.

1er *tour*. Mailles-doubles. On travaille en allant et en revenant, sans casser le fil.

2e *tour*. 2 mailles doubles, 3 mailles dans 1 seule, 6 mailles doubles, passez 2 mailles, 6 mailles doubles. Terminez par 2 mailles doubles.

3e *tour*. 3 mailles doubles, 3 mailles doubles dans 1 seule, 6 mailles doubles, passez 2 mailles, 6 mailles doubles, 3 mailles dans 1 seule. Terminez par 3 mailles doubles.

REMARQUE. On finit tous les tours comme on les commence. Il faut faire 10 tours de la même manière.

14e *tour*. 3 mailles doubles dans 1 seule, 6 mailles doubles, passez 2 mailles, 6 mailles doubles, 3 mailles doubles dans 1 seule.

15e *tour*. 1 maille double, 3 mailles dans 1 seule, 6 mailles doubles, passez 2 mailles, 6 mailles doubles, 3 mailles dans une seule.

On fait ainsi 4 autres tours, en augmentant d'une maille au commencement et à la fin de chaque tour.

20e *tour*. 5 mailles doubles, 2 mailles dans 1 seule, 6 mailles doubles, passez 2 mailles, 6 mailles doubles, passez 2 mailles, 6 mailles doubles, 3 mailles dans une seule.

On exécute 58 tours semblables à ce dernier.

59e *tour*. Abandonnez 58 mailles dans le milieu de la bavette, il restera 24 mailles de chaque côté ; faites 16 tours ou 8 côtes en diminuant d'une maille par tour, du côté du cou seulement. Faites l'autre côté de la bavette de la même façon.

1er *tour de la bordure*. Mailles doubles tout autour, moins le tour du cou.

2e *tour*. 9 mailles doubles formant la côte, 3 mailles dans 1 seule, 12 mailles doubles, 3 mailles dans 1 seule, 12 mailles doubles.

3e *tour*. 10 mailles doubles, 3 mailles dans une, 6 mailles doubles, passez 2 mailles, 6 mailles doubles, 3 mailles dans une.

On fait 7 tours de la même façon. On exécute ensuite 4 tours de mailles doubles autour du cou, en formant la côte, on passe à la bordure sans casser le fil ; on fait 3 autres tours de bordure comme le 3e, en faisant en même temps les 3 derniers tours autour du cou.

14e *tour de la bordure*. 1 maille double, 5 mailles chaînettes, piquez dans la 4e maille, 1 maille double, 5 mailles chaînettes dans la 4e maille, 1 maille double, et ainsi de suite.

Ce tour termine la bavette.

BAVETTE A MANCHES.

Coton C. B. n° 50. Crochet en acier n° 4.

Le corps de la bavette est à côtes ; pour faire ces côtes, on travaille en allant et en revenant, sans casser le fil, et on pique toujours le crochet dans la partie de derrière des mailles.

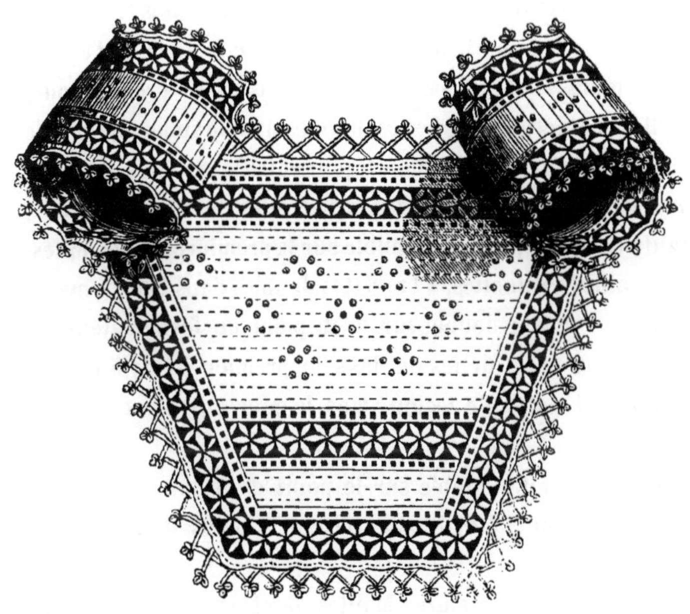

Montez 49 mailles chaînettes et faites cinq tours de mailles doubles.

6e *tour*. 1 barrette, 1 maille chaînette, passez 1 maille, 1 barrette, 1 maille chaînette.

7e *tour*. 13 mailles chaînettes, revenez sur ces mailles et faites deux barrettes doubles dans la sixième, 1 maille chaînette, passez 5 mailles du tour précédent, 1 maille double, ' 7 mailles chaînettes, 2 barrettes doubles dans la sixième, en comptant en arrière, 7 mailles chaînettes, 2 barrettes doubles dans la 6e, comme avant, 1 maille chaînette, passez 4 mailles du tour précédent, 1 maille double. Répétez depuis '.

8e *tour*. Cassez le fil, pour commencer le 2e tour de l'entre-deux à jours ; faites 1 point de feston dans le premier jour, 7 mailles chaînettes, 2 barrettes doubles dans la sixième, 1 maille chaînette, 1 point de feston dans le jour entre les feuilles. Répétez.

9e *tour*. 13 mailles chaînettes, 2 barrettes doubles dans la 6e ; 1 maille chaînette, 1 maille double sur la première maille de feston, 7 mailles chaînettes, 2 barrettes doubles dans la 6e ; 1 maille chaînette, 1 maille double sur le 2e point de feston. Répétez.

10e *tour*. 1 point de feston dans le premier jour ; 5 mailles chaînettes, 1 point de feston dans le jour entre les feuilles. Répétez.

11e *tour*. 1 maille double sur le point de feston, 5 points de feston dans le jour, 1 maille double sur le point de feston suivant. Répétez.

12e, 13e, 14e et 15e *tours*. Mailles doubles, en augmentant d'une maille à chaque tour.

17e *tour*. 7 mailles doubles, 1 barrette, prise, par derrière, sur l'avant-dernier tour, 1 chaînette, 1 barrette sur l'avant-dernier tour, 14 mailles doubles, 1 barrette, 1 maille double, 1 barrette, répétez et, à la fin du tour, augmentez d'une maille.

18e *tour*. Mailles doubles ; augmentez d'une maille à la fin.

19e *tour*. 6 mailles doubles, 1 barrette, 1 maille double, 1 barrette, 1 maille double, 1 barrette, 12 mailles doubles, 1 barrette, 1 maille double, 1 barrette, 1 maille double, 1 barrette; continuez ainsi et augmentez d'une maille à la fin.

20e *tour*. Mailles doubles; augmentez d'une maille.

21e *tour*. 9 mailles doubles, 1 barrette, 1 maille double, 1 barrette, 14 mailles doubles, 1 barrette, 1 maille double, 1 barrette.

Dans cette partie mate de la bavette, on prend toujours les barrettes en dessous, sur l'avant dernier tour; cela forme le dessin en relief.

22e, 23e, 24e, 25e et 26e *tours*. Mailles doubles, en augmentant d'une maille à chaque tour.

27e *tour*. Commencez le dessin en relief à la 5e maille; voir les tours 17 à 21 pour l'explication de ce dessin ; augmentez d'une maille à chacun des 5 tours où ce dessin est formé.

32e, 33e et 34e *tours*. Mailles doubles ; augmentez de 2 mailles à chaque tour.

35e *tour*. Prenez 10 mailles à chaque bout de la bavette pour les manches. Augmentez, à chaque tour, de 2 mailles doubles; faites, pour chaque manche, 3 tours unis, commencez un dessin, faites 5 tours unis entre les dessins, complétez 5 dessins et faites 6 tours unis après le dernier.

Cassez le fil et revenez sur le milieu de la bavette, passez 9 mailles doubles à partir de la manche, faites 1 barrette,

1 maille chaînette, passez une maille et ainsi de suite de manière à former un rang de jours ; laissez 9 mailles de l'autre côté.

Commencez l'entre-deux du milieu du haut de la bavette, cet entre-deux a déjà été expliqué. Au dessus de l'entre-deux faites 1 tour de jours (1 barrette, 1 maille chaînette, passez une maille et ainsi de suite.) Puis faites une côte sur le milieu du haut de la bavette.

Faites ensuite une côte, commençant autour de la manche droite, suivant le tour de la bavette et se terminant à la fin de la manche gauche. Au dessus de cette côte, faites un tour de jours, puis un entre-deux ; puis une côte sur l'entre-deux, faisant tout le tour du cou et de la bavette.

Encadrez la bavette avec la dentelle suivante :

1er *tour.* 5 mailles chaînettes, 1 maille double, dans la 3e. Répétez au tournant, pour mettre plus d'ampleur, piquez 4 fois dans la deuxième maille.

2e *tour.* 5 mailles chaînettes, 1 maille double, sur la 5e chaînette de chaque ouverture.

3e *tour.* 1 point de feston sur le milieu de chaque ouverture, 10 mailles chaînettes, 1 maille double dans la 6e maille chaînette, 6 mailles chaînettes, 1 maille double dans la même maille chaînette, 6 mailles chaînettes, 1 maille double dans la même chaînette, 4 mailles chaînettes, passez 1 ouverture, 1 point de feston sur le deuxième, et ainsi de suite.

Autour des manches, faites un tour de mailles doubles, un tour de jours, puis un entre-deux, un tour de crochet feston, et terminez par la dentelle.

CHAUSSON.

PREMIER MODÈLE.

Laine de Saxe, cinq fils, brune et blanche. Crochet en ivoire, n° 14.

Commencez par la pointe du dessus du chausson, et travaillez en commençant toujours du même côté.

Montez 7 mailles, et travaillez en mailles doubles; dans chaque tour, faites 3 mailles dans la maille du milieu.

Dans le 2e tour, on commence le *semé*. Avec la laine blanche, faites alternativement 3 mailles brunes, une maille blanche, et, sur ce tour, un tour tout brun. Dans le tour suivant, contrariez le semé blanc, qui doit toujours se trouver au milieu des 3 mailles brunes.

Faites ainsi 17 tours; puis travaillez depuis le commencement jusqu'au milieu seulement de l'empeigne, et faites ainsi 50 tours qui forment le côté de derrière; cousez-le à l'empeigne au 17e tour.

La semelle se fait à part, en allant et en revenant, en mailles doubles, et en piquant toujours le crochet sous la maille entière, on monte 8 mailles avec la laine brune, et l'on revient sur cette chaînette; les 2e et 5e tours ont 9 mailles; du 4e au 8e tour, chaque tour a 10 mailles; le 9e, 8 mailles; les 10e et 11e, 6 mailles; les 12e et 15e, 8 mailles; les 14e et 15e, 6 mailles. On coud la semelle autour du chausson.

Le chausson est orné, sur le dessus, d'un petit revers qui se fait de la manière suivante : montez 24 mailles, puis, en revenant sur cette chaînette, faites * 1 demi-barrette, 1 barrette, 4 doubles barrettes, 1 barrette, 1 demi-barrette; recommencez 2 fois depuis *; sur ce tour, on en fait un autre composé de mailles doubles, avec la laine blanche. Chacune de ces mailles, qui se trouve dans le creux du feston, est faite dans la chaînette sur laquelle on fait les festons, et forme ainsi une sorte d'agrafe. Cousez ce petit revers au milieu de l'empeigne, et fixez les festons en cousant un bouton dans le milieu de chacun d'eux.

Ensuite, pour la garniture du haut, faites un tour composé alternativement de 2 barrettes, 1 maille chaînette. Puis un tour de barrettes où vous ferez toujours deux barrettes sur la maille chaînette et une barrette sur chaque barrette du tour précédent. Du 3e au 6e tour, rien que des barrettes, sans augmentation.

7e *tour* *. 1 maille double entre les deux barrettes, 5 mailles chaînettes, passez 2 mailles; recommencez depuis *.

Faites ensuite les deux tours suivants qui doivent se rabattre sur les autres : * 1 maille double entre deux barrettes, 4 mailles chaînettes, passez deux mailles ; recommencez depuis *.

2e *tour*. * 1 maille double dans le milieu des 4 mailles chaînettes du tour précédent, 4 mailles chaînettes ; recommencez depuis *.

On passe dans le premier tour de la garniture un cordon blanc en laine terminé par deux glands.

CHAUSSON.

DEUXIÈME MODÈLE.

Laine de Saxe, cinq fils, bleue et blanche. Crochet en ivoire, n° 14.

On commence par la semelle, qui se fait en laine blanche en mailles doubles, en piquant toujours le crochet sous la maille entière du tour précédent.

Montez 10 mailles et travaillez en allant et en revenant. Faites un tour uni ; au deuxième augmentez d'une maille, au quatrième et au sixième tours augmentez de deux mailles. Puis faites un tour uni qui doit avoir quinze mailles.

Dans chacun des 4 tours suivants, diminuez d'une maille. Les 2 tours suivants sont faits avec 10 mailles, — puis 2 tours avec 12 mailles, — puis 2 tours avec 14 mailles.

Dans chacun des 4 tours suivants, diminuez d'une maille, puis faites le dernier tour avec 8 mailles. Entourez la semelle avec un tour de mailles doubles, faites avec la laine bleue.

Pour le dessus du chausson, prenez la laine bleue. Montez 7 mailles; en revenant, faites 3 mailles dans la 4e maille de la chaînette. Continuez cette augmentation pour tous les tours suivants, afin de former la couture du milieu. Au 18e tour, vous aurez 48 mailles.

Au 19e tour, lorsque vous serez arrivé aux trois mailles du milieu, faites 6 mailles chaînettes, puis une maille double dans chacune de ces chaînettes, et autant dans 20 mailles du 19e tour. Sur ces 26 mailles, faites 20 tours et vous aurez ainsi terminé le côté de derrière. Pour le 21e tour, faites 6 mailles seulement, revenez et faites 3 tours, puis coupez la laine.

Rattachez la laine à la 6e maille du 19e tour (celui qui précède les 20 tours qui viennent d'être faits), et commencez à former la petite pointe qui élargit le dessus du chausson; sur ces 6 mailles, faites 4 tours, chacun de 6 mailles. La maille de lisière de ces tours est rattachée aux 5 mailles du milieu du 18e tour.

Faites ensuite 3 tours sur les 26 mailles (6 mailles sur lesquelles vous venez de travailler, et les 20 mailles qui restent encore du 19ᵉ tour); les 6 mailles des quatre petits tours sont cousues aux 6 mailles inférieures du dernier tour qui vient d'être fait.

Entourez après cela la fente de côté avec des mailles doubles, faites en laine blanche; remplissez-la ensuite avec trois tours de barrettes serrées faites d'un seul côté. Le dernier de ces tours est cousu sous l'autre côté de la fente; celle-ci est encadrée d'un tour fait en laine blanche, en mailles doubles, surmonté d'un second tour composé alternativement d'une barrette, 1 maille chaînette. Ce tour est fait dans le côté de dessus des mailles blanches dont vous avez bordé la fente.

Dans ce dernier tour, faites-en un autre en laine bleue, composé de 5 mailles chaînettes, une maille simple, toujours faites sur la maille chaînette du tour précédent. Dans le tour intérieur de mailles doubles, passez un cordon fait au crochet avec de la laine bleue et terminé par des glands.

Autour du bord supérieur du chausson, faites un tour de mailles doubles en laine blanche, puis une petite garniture, exécutée de la manière suivante : une maille double, * 5 mailles chaînettes, 1 maille double dans la première de ces 5 mailles. Avant de terminer cette dernière maille, faites une maille double dans la troisième maille du tour précédent et terminez cette dernière maille, avec la précédente, en passant la laine à la fois dans les trois boucles qui se trouvent sur le crochet. Recommencez depuis *.

Cousez la semelle autour du chausson et mettez, sous le dernier tour que vous venez de faire, une frange en laine blanche.

CHAUSSON.

TROISIÈME MODÈLE.

Laine de Saxe, cinq fils, rose et blanche. Crochet en ivoire, n° 14.

Avec la laine rose montez 47 mailles et formez un rond. Faites deux tours de mailles doubles, le premier blanc, le second rose.

3e *tour.* Travaillez toujours en mailles doubles. Faites alternativement 1 maille rose, 3 mailles blanches.

4e *tour.* 3 mailles roses, 1 maille blanche, en plaçant la maille du milieu des 3 mailles roses au-dessus de la maille rose du tour précédent.

5e *tour.* 3 mailles roses, 1 maille blanche, en plaçant la maille du milieu des 3 mailles roses au-dessus de la maille blanche du tour précédent.

6e *tour.* 3 mailles blanches, et 1 maille rose, en plaçant la maille rose au-dessus de la maille du centre des trois mailles roses du tour précédent.

Ces quatre derniers tours forment un très-joli dessin de festons qui se répète au bas du chausson.

Faites ensuite deux tours blancs, puis deux tours où vous ferez alternativement deux mailles roses et deux mailles blanches.

Répétez cinq fois ces deux derniers tours, mais en contrariant les mailles à tous les deux tours, en faisant venir les mailles roses au-dessus des mailles blanches et les mailles blanches au-dessus des mailles roses, de manière à former un dessin de damier.

Prenez ensuite 20 mailles du devant (en prenant pour le milieu du côté de derrière du chausson, l'endroit où vous avez réuni la chaînette du commencement) et faites 4 tours en continuant le dessin de damier.

A partir de là, il faut casser le brin de laine à la fin de chaque tour.

Continuez à former le dessin de damier, mais au commencement et à la fin de tous les troisièmes tours pendant les 14 tours suivants, diminuez d'une maille.

Cela termine le cou-de-pied et le haut du chausson.

Reprenez ensuite toutes les mailles autour du talon et du devant et faites un tour blanc, puis les 4 tours expliqués pour le haut du soulier comme formant un dessin de festons.

Ce tour termine le soulier, à l'exception de la semelle qui se fait à part, également en mailles doubles, mais en piquant toujours le crochet sous les mailles entières du tour précédent.

Commencez par le bout du pied.

Montez 8 mailles et faites deux tours unis.

3e *tour.* Augmentez d'une maille au commencement et à la fin.

4e *tour.* Tout uni sans augmentation.

Continuez à répéter ces deux derniers tours jusqu'à ce que vous ayez en tout 18 mailles.

Faites 12 tours unis.

Diminuez ensuite à la fin de tous les deux tours, jusqu'à ce que vous n'ayez plus que 10 mailles.

Augmentez encore à tous les deux tours, jusqu'à ce que vous ayez 16 mailles, puis faites 4 tours unis.

Diminuez dans tous les deux tours suivants au commencement et à la fin jusqu'à ce que vous n'ayez plus que 8 mailles.

Cela termine la semelle.

Cousez-la bien soigneusement autour du soulier, par un surjet, à l'envers. Ajoutez 1 torsade en laine, terminée par 2 petits glands et passée dans le second tour du dessin de damier.

SOULIER POUR ENFANT.

Laine de Saxe cinq fils, noire, rouge et fauve. Crochet en ivoire, n° 16.

Prenez la laine noire et montez 12 mailles.

Revenez sur cette chainette et faites 5 mailles doubles, 3 m. doubles dans la maille suivante, 1 maille sur chacune des 5 m. suivantes, en piquant toujours le crochet sous la maille entière.

Prenez la laine rouge, faites 1 maille dans chaque maille, 3 mailles dans la 7ᵉ maille. Continuez ainsi en faisant toujours 3 mailles dans la maille du milieu (en alternant toujours un tour noir, un tour rouge), jusqu'à ce que vous ayez 57 mailles dans le 23ᵉ tour.

Faites le tour suivant jusqu'à la moitié, sur laquelle exécutez 40 tours ; sur l'autre côté de l'empeigne, faites quatre tours et cousez ensemble les deux côtés, sur une hauteur de 7 mailles, à compter du bord inférieur. Le restant des mailles de chaque côté forme la fente, sur le devant de laquelle on fait une petite patte en laine noire, composée de deux tours, dans le premier desquels on forme les boutonnières, en faisant 3 mailles chaînettes au lieu de 3 mailles doubles ; on pose deux boutons sur l'autre côté de la fente.

La semelle se fait entièrement en mailles doubles, en allant et en revenant, avec la laine noire et en piquant toujours sous la maille entière ; on la fait d'après un patron en papier, coupé sur une chaussure d'enfant.

On termine le haut du soulier par un tour exécuté de la manière suivante : * 1 maille double, 1 m. chaînette, passez 1 maille. Recommencez depuis *. On fait ensuite la petite garniture avec la laine couleur fauve. On commence chaque tour de façon à atteindre d'abord le bord supérieur de l'empeigne, puis le côté de derrrière ; on prend la nuance la plus foncée et l'on fait alternativement 1 maille double, 1 maille chaînette dans l'avant-dernier des tours noirs ; les tours suivants se font de la même manière. On change de nuance à chaque tour, en exécutant toujours la maille double en piquant le crochet sous la maille chaînette. Le dernier tour de la garniture est fait avec la laine blanche ; au lieu d'une, on fait trois mailles chaînettes.

GUÊTRE

POUR ENFANT DE QUATRE A CINQ ANS.

Laine de Saxe cinq fils. Crochet en ivoire, n° 16.

On exécute cette guêtre en mailles doubles, en piquant toujours le crochet sous la maille entière.

Montez 36 mailles, revenez sur la chaînette en faisant une maille dans chaque maille, 3 mailles dans chaque 9ᵉ maille. Continuez cette augmentation à la même place, en faisant toujours 3 mailles dans celle du milieu des mailles augmentées.

Au 3ᵉ tour, augmentez d'une maille sur le talon, du côté opposé à l'augmentation du devant; répétez l'augmentation à cette place encore cinq fois dans tous les deux tours. Aux trois tours suivants, augmentez seulement sur le milieu par devant. Dans le 2ᵉ de ces tours, au commencement et à la fin, formez deux boutonnières en faisant 2 mailles chaînettes sous lesquelles passez 2 mailles.

Les 3 tours suivants sont faits seulement sur la pointe du devant; commencez le premier de ces tours à 6 mailles de distance de la pointe; faites 3 mailles dans la maille du milieu, puis encore 6 mailles. Commencez le second de ces tours à 8 mailles de distance de la pointe; faites seulement 2 mailles dans la maille du milieu, puis 8 mailles. Le troisième tour commence à 12 mailles de distance de la pointe et se fait sans augmentation.

On termine le bord inférieur et le bord supérieur de cette
guêtre par un tour de festons, ainsi qu'il suit : * 1 maille double,
3 mailles chaînettes, 1 maille double dans la seconde de ces
3 chaînettes, 1 maille chaînette, 1 maille double dans la 2ᵉ maille
du tour précédent. Recommencez depuis *. On borde la fente
avec du ruban étroit, on met des boutons d'un côté, des boutonnières en cordon élastique de l'autre. Le sous-pied se coupe en
peau noire, on le coud du côté opposé à la couture, et l'on y
pose deux boutons qui rejoignent les boutonnières faites près
de la fente.

PANTOUFLE AU CROCHET TUNISIEN.

Laine de Saxe violette, cinq fils. Crochet en ivoire, nᵒ 16.

Montez 9 mailles chaînettes.

Faites un tour comme le premier du crochet tunisien. *En
revenant,* comme le deuxième tour du crochet tunisien, mais de
chaque côté de la maille verticale du milieu, faites une maille
chaînette pour augmenter.

Au tour suivant, au milieu du tour, attirez le crochet dans
les mailles chaînettes et gardez les boucles ainsi formées sur le
crochet de même que celles passées dans les mailles verticales.

Continuez de la même manière jusqu'à ce que vous ayez terminé 14 tours entiers, c'est-à-dire en allant et en revenant.
Vous aurez 35 mailles dans le 14ᵉ tour, 16 mailles de chaque

coté et 3 au milieu. Au tour suivant, relevez 10 mailles seulement et revenez. Faites encore 21 tours sans augmentation et sur 10 mailles seulement pour un côté de la pantoufle. Arrêtez, mais sans rabattre, et coupez la laine.

Attachez le brin de laine sous le dernier tour du cou-de-pied, à l'endroit où vous avez laissé les mailles, piquez le crochet dans la maille verticale dans laquelle vous avez fait la dernière maille du premier tour de 10 mailles et formez une boucle, piquez dans la maille suivante et formez une seconde boucle, faites passer cette seconde boucle dans la première, de manière à la rabattre. Continuez de la même manière à relever toutes les mailles verticales ainsi que les deux mailles chaînettes du milieu et à les rabattre jusqu'à ce qu'il ne vous reste plus que 10 mailles de l'autre côté de la pantoufle, relevez ces mailles en les conservant sur le crochet et faites ce côté semblable au premier, c'est-à-dire avec **21** tours entiers. Réunissez ensuite les derniers tours des côtés par derrière par un tour de mailles simples en piquant toujours dans les mailles verticales de chaque côté. On double la pantoufle en florence de nuance assortie à celle de la laine, on la coud sur une semelle en peau blanche doublée de liége. On peut broder sur le dessus un motif au point de tapisserie en laine noire ou maïs.

BONNET DE NUIT POUR FEMME.

Coton C. B. n° 120. Crochet en acier n° 3.

Ce bonnet se compose d'une porte et d'un devant.

La porte se fait entièrement au crochet à jours ordinaire.

Montez 58 mailles et sans casser le fil faites un tour de crochet à jours.

2e *tour*. Commencez de l'autre côté des mailles chaînettes, et piquez le crochet dans les jours entre les barrettes du tour précédent ; 3 barrettes dans l'avant-dernière barrette du tour précédent, avec 1 maille chaînette entre chaque barrette, 3 barrettes dans la dernière, avec 1 maille chaînette entre chaque barrette, 3 barrettes dans la première maille de l'autre côté, en faisant toujours 1 maille chaînette entre chaque barrette, ainsi que cela se fait ordinairement dans le crochet à jours ; nous omettrons de mentionner cette maille chaînette, à l'avenir, pour éviter trop de répétitions. A la fin de chaque tour, au lieu de casser le fil, pour commencer toujours à la même place, on revient sur le dernier tour.

3e *tour*. 1 barrette dans chaque maille chaînette, jusqu'à la première augmentation du tour précédent, puis 2 barrettes dans chacune des 3 mailles chaînettes suivantes du tour précédent, 1 barrette dans la maille chaînette suivante, et deux dans chacune des 3 suivantes ; pour le reste du tour, faites 1 barrette dans chaque maille chaînette.

6.

4e tour. 1 barrette dans chaque maille chaînette, jusqu'à celle qui précède immédiatement la première augmentation du tour précédent; dans cette maille chaînette, faites deux barrettes, 1 dans la suivante, 2 dans celle qui suit, et ainsi de suite jusqu'à ce que vous ayez augmenté six fois; continuez ensuite à faire 1 barrette dans chaque maille chaînette jusqu'à la fin du tour.

5e tour. Commencez sur la sixième maille chaînette, de manière à rétrécir le bas de la *porte;* ensuite faites 1 barrette dans chaque maille chaînette, jusqu'à celle qui précède immédiatement la seconde augmentation du tour précédent, faites alors une augmentation (2 barrettes dans une seule maille chaînette), 1 barrette dans chacune des deux mailles chaînettes suivantes, 1 augmentation dans la suivante, 1 barrette (les barrettes se font *toujours* dans les mailles chaînettes), 1 augmentation, 1 barrette, 1 augmentation dans chacune des deux mailles chaînettes suivantes, 1 barrette, 1 augmentation dans chacune des deux mailles suivantes, 1 barrette, 1 augmentation, puis jusqu'à la fin du tour 1 barrette dans chaque maille chaînette, en laissant libres les cinq dernières mailles.

6e tour. Comme les barrettes se font sans exception dans les mailles chaînettes, nous éviterons désormais d'indiquer ce détail, et lorsqu'il faudra faire une augmentation, nous dirons simplement 2 barrettes, ce qui voudra dire, 2 barrettes dans la même maille chaînette. — 1 barrette dans chaque maille chaînette jusqu'à celle qui précède immédiatement la première augmentation du tour précédent ; 2 barrettes dans cette maille, ensuite 2 fois 1 barrette, 1 fois 2 barrettes, 2 fois 1 barrette, 1 fois

2 barrettes, 1 fois 1 barrette, 2 fois 2 barrettes, 2 fois 1 bar-
rette, 1 fois 2 barrettes, 2 fois 1 barrette, 1 fois 2 barrettes,
1 fois 1 barrette, 1 fois 2 barrettes, 1 fois 1 barrette, 1 fois
2 barrettes; puis 1 barrette dans chaque maille chaînette jusqu'à la fin du tour.

7ᵉ *tour.* 1 barrette dans chaque maille chaînette jusqu'à celle
qui suit immédiatement la troisième augmentation du tour précédent; faites 2 barrettes dans cette maille, puis faites 5 fois
1 barrette, 1 fois 2 barrettes, 7 fois 1 barrette, 1 fois 2 barrettes, 5 fois 1 barrette, 1 fois 2 barrettes, puis 1 barrette dans
chaque maille chaînette jusqu'à la fin du tour.

8ᵉ *tour.* Commencez sur la sixième maille chaînette du tour
précédent, ce qui fera une seconde diminution, et faites 1 barrette dans chaque maille chaînette jusqu'à la deuxième après la
seconde augmentation du tour précédent, faites alors 1 fois
2 barrettes, 5 fois 1 barrette, 1 fois 2 barrettes, 4 fois 1 barrette, 1 fois 2 barrettes; 1 barrette dans chaque maille pour le
restant du tour, mais laissez libres les 5 dernières mailles.

9ᵉ *tour.* Commencez sur la sixième maille chaînette du tour
précédent; faites 1 barrette dans chaque maille chaînette jusqu'à
la troisième maille chaînette après la première augmentation du
tour précédent, faites 2 barrettes dans cette maille, puis 6 fois
1 barrette, 1 fois 2 barrettes, 6 fois 1 barrette, 1 fois 2 barrettes, puis 1 barrette dans chaque maille chaînette, en laissant
libres les 5 dernières mailles.

10ᵉ *tour.* 1 barrette dans chaque maille chaînette jusqu'à la
troisième maille chaînette après la seconde augmentation du

tour précédent, faites 2 barrettes dans cette maille, puis 7 fois 1 barrette, 1 fois 2 barrettes, 5 fois 1 barrette, 1 fois 2 barrettes ; puis 1 barrette dans chaque maille chaînette jusqu'à la fin du tour.

11e *tour*. 1 maille double dans chaque maille, en commençant sur la première maille et travaillant sur chaque maille restée libre dans les diminutions ; ce tour termine la porte ou fond du bonnet.

PASSE DU BONNET.

1er *tour*. 1 barrette, 2 mailles chaînettes alternativement, en passant 2 mailles du dernier tour du fond entre chaque barrette.

2e *tour*. 15 points de crochet à jours. 5 mailles chaînettes, passez 2 mailles. Répétez.

3e *tour*. 13 points de crochet à jours par dessus les 15 premiers du tour précédent. * 5 mailles chaînettes, 5 barrettes (sans mailles chaînettes entre les barrettes) dans l'ouverture des 5 mailles chaînettes du tour précédent, 3 mailles chaînettes, 12 points de crochet à jours par dessus les 15 du tour précédent en commençant sur la maille chaînette qui suit la première barrette. Répétez depuis *.

4e *tour*. 12 points de crochet à jours sur les 13 du tour précédent, * 5 mailles chaînettes, 3 barrettes dans l'ouverture des 5 mailles chaînettes du tour précédent, 3 mailles chaînettes, 5 barrettes dans l'ouverture des 5 mailles chaînettes suivantes, 5 mailles chaînettes, 9 points de crochet à jours par dessus les 12 du tour précédent dont les 2 derniers seront passés sous les mailles chaînettes, * 3 mailles chaînettes, 3 barrettes dans l'ouverture des 3 mailles chaînettes entre les barrettes du tour précédent, 3 mailles chaînettes ; 12 points de crochet à jours sur les 9 du tour précédent, en prenant les deux derniers sous les mailles chaînettes après le second groupe de 3 barrettes dans le tour précédent. Répétez depuis *.

5e *tour*. 15 points de crochet à jours par dessus les 12 du tour précédent, * 3 mailles chaînettes, 3 barrettes dans l'ouverture des 3 mailles chaînettes entre les barrettes du tour précédent, 3 mailles chaînettes, 12 points de crochet à jours sur les 9 du tour précédent. Répétez depuis *.

6e *tour*. 15 points de crochet à jours sur les 15 du commencement du tour précédent, 3 mailles chaînettes, 15 points de crochet à jours, 3 mailles chaînettes. Répétez depuis le commencement du tour.

7e *tour*. 6 points de crochet à jours ; * 3 mailles chaînettes, passez 3 mailles, 6 points de crochet à jours, 3 points de crochet dans l'ouverture des 3 mailles chaînettes du tour précédent, 6 points de crochet à jours. Répétez depuis *.

8e *tour*. 5 points de crochet à jours, * 3 mailles chaînettes, 3 barrettes dans les 3 mailles chaînettes du tour précédent, 3 mailles chaînettes, 12 points de crochet à jours en commençant sur le 2e des 15 du tour précédent. Répétez depuis *.

9e *tour*. 3 points de crochet à jours, * 3 mailles chaînettes, 3 barrettes dans les 3 mailles chaînettes du tour précédent, 3 mailles chaînettes, 3 barrettes dans les 3 mailles chaînettes suivantes, 3 mailles chaînettes, 9 points de crochet à jours, en commençant sur le 2ᵉ des 12 du tour précédent. Répétez depuis *.

10ᵉ *tour*. 5 points de crochet à jours, * 3 mailles chaînettes, 3 barrettes dans les 3 mailles chaînettes entre les barrettes du tour précédent, 3 mailles chaînettes, 12 points de crochet à jours. Répétez depuis *.

11ᵉ *tour*. 7 points de crochet à jours, * 3 mailles chaînettes, 15 points de crochet à jours, au-dessus des 12 du tour précédent. Répétez depuis *.

12ᵉ *tour*. 15 points de crochet à jours ; 3 mailles chaînettes, passez 3 mailles (les 3 mailles qu'on passe doivent se trouver exactement au-dessus des 3 mailles chaînettes du 6ᵉ tour). Et répétez une fois, depuis le troisième jusqu'au onzième tour.

22ᵉ *tour*. Ce tour doit être fait un peu *lâche* ; 1 maille double dans chaque maille chaînette du tour précédent.

23ᵉ *tour*. 1 barrette dans la première maille double du tour précédent, en piquant le crochet sous la maille entière, 2 mailles chaînettes, passez deux mailles du tour précédent. Répétez depuis le commencement du tour.

24ᵉ *tour*. Crochet à jours ; augmentez de deux mailles au commencement et à la fin.

25ᵉ *tour*. Crochet à jours ; commencez sur la septième maille chaînette du tour précédent, laissez libres les six dernières mailles.

26ᵉ *tour*. Crochet à jours ; commencez sur la septième maille chaînette du tour précédent et laissez libres les six dernières mailles.

27ᵉ *tour*. Crochet à jours : commencez sur la sixième maille chaînette du tour précédent et laissez libres les cinq dernières mailles.

28ᵉ *tour.* Comme le 27ᵉ.

29ᵉ *tour.* Crochet à jours ; laissez 4 mailles libres au commencement et à la fin.

30ᵉ *tour.* 1 maille double dans chaque maille, en commençant sur la première maille, et en travaillant sur chacune des mailles laissées libres dans les tours précédents.

31ᵉ *tour.* 1 barrette, 2 mailles chaînettes, 1 barrette dans le tour suivant, * 1 barrette, 2 mailles chaînettes, passez 2 mailles du tour précédent. Répétez depuis *.

32ᵉ *tour.* 3 mailles doubles dans l'ouverture des 2 mailles chaînettes entre les barrettes du tour précédent. Répétez depuis le commencement du tour.

Dans chaque tour après le 32ᵉ, il faut faire 1 augmentation au commencement et à la fin en faisant 2 barrettes dans le premier et le dernier point.

Répétez depuis le 3ᵉ tour jusqu'à ce que vous ayez terminé trois fois le dessin en losanges, en vous rappelant l'augmentation qu'il faut faire à chaque tour, et au lieu de commencer avec 13 points de crochet à jours, comme dans le 3ᵉ tour, faites seulement 5 points de crochet à jours avant de commencer le dessin ; chaque dessin doit être commencé d'un losange plus près du bord, les augmentations rendront cela possible ; quand les quatre dessins seront complétés, vous ferez un tour de mailles doubles tout autour du bonnet ; au bord du devant, faites 1 maille seulement dans chaque maille chaînette du tour précédent.

Au tour suivant : 1 barrette, 2 mailles chaînettes, passez 2 mailles et répétez.

Dernier tour. 1 barrette dans chaque maille chaînette du tour précédent, 2 mailles chaînettes. Répétez depuis le commencement du tour.

Ce bonnet n'a pas besoin d'autre garniture, on passe un cordon dans le dernier tour pour le lier derrière et on y ajoute des brides.

———⟡———

CAPELINE LÉONIE.

Laine de Saxe cinq fils, pintade, solférino et noire. Crochet en ivoire, n° 18.

Cette capeline est très-chaude et très-commode pour l'hiver. On commence par le devant du fond.

Montez 195 mailles avec la laine pintade.

1er *tour.* Crochet à jours.

2e *tour.* 3 barrettes dans chaque jour du tour précédent et 1 maille chaînette entre chaque groupe de 3 barrettes.

3e *tour.* 3 barrettes dans l'ouverture sous la maille chaînette entre deux groupes de barrettes du tour précédent, 1 maille chaînette, 3 barrettes dans l'ouverture suivante, et ainsi de suite.

Faites encore 26 tours semblables au dernier, puis arrêtez et coupez la laine.

Puis faites un tour avec la laine noire, en commençant au

coin du premier tour, et travaillant autour des trois côtés de la capeline, en omettant le *devant*, c'est-à-dire le côté où vous avez commencé par un tour de crochet à jours.

7

Dans ce tour en laine noire, faites 3 barrettes dans chacune des 5 premières ouvertures, avec une maille chaînette entre chaque groupe de barrettes; après cela, passez une ouverture entre chaque groupe de barrettes, pour rétrécir; continuez ainsi jusqu'au milieu du tour par derrière, faites les barrettes dans chacune des cinq ouvertures du milieu; à partir de là passez une ouverture entre chaque groupe de barrettes, mais ne passez aucune des cinq dernières. Ce tour termine le fond de la capeline.

Pour le bavolet, prenez la laine rouge Solférino.

Montez 108 mailles.

1er *tour*. Passez les deux premières mailles de la chaînette, faites dans la troisième 2 barrettes doubles , 1 maille chaînette, puis encore 2 barrettes doubles, ensuite 1 maille chaînette. Passez deux mailles et répétez depuis *.

2e *tour*. Faites, entre chaque ouverture sous la maille chaînette qui se trouve au centre des quatre barrettes du tour précédent, 2 barrettes doubles, 1 maille chaînette, puis encore 2 barrettes doubles, et faites 1 maille chaînette entre chaque groupe de barrettes.

Répétez onze fois ce dernier tour, puis arrêtez et coupez la laine.

Cousez le bavolet au dernier tour noir du fond. Faites ensuite un tour en laine Solférino, en commençant dans l'ouverture du coin du bas du bavolet, travaillez sur la longueur du bavolet, puis sur le premier tour *à jours* du fond, puis encore sur la longueur du bavolet, ce tour doit par conséquent se faire tout le long du devant de la capeline, y compris les deux côtés du bavolet. On fait toujours 4 barrettes, avec 1 maille chaînette au milieu, au centre de chaque groupe de 4 barrettes, et 1 maille chaînette entre chaque groupe de barrettes.

Faites encore 7 tours semblables pour le devant de la capeline. Puis, tout autour de la capeline, y compris le bas du bavolet, 1 tour noir, 1 tour pintade, 1 tour noir toujours du même point.

Terminez par un tour de 4 barrettes doubles, 1 maille chaînette, 4 barrettes doubles au centre de chaque groupe de barrettes, mais sans maille chaînette entre les groupes de barrettes, avec la laine Solférino.

Repliez le devant de la capeline au 4e tour Solférino de la bordure, et fixez cette bordure sur le fond par quelques points de couture.

Passez deux rubans de taffetas noir dans le tour noir du fond, pour les nouer au milieu, et ajoutez un nœud de ruban pareil, avec bouts flottants sur le milieu du fond de la capeline.

Pour chaque bride montez 60 mailles.

Avec la laine pintade faites un tour composé de 3 barrettes, 3 mailles chaînettes, 3 barrettes, et ainsi de suite en passant 3 mailles sous les mailles chaînettes.

Avec la laine noire faites ensuite 3 barrettes dans chaque ouverture, 1 maille chaînette entre chaque groupe de barrettes, à la fin du tour, tournez en faisant 3 barrettes dans la maille à la pointe du tour et revenez de l'autre côté du tour pintade en travaillant de la même manière, au bout du tour arrêtez la laine et coupez-la.

Au tour suivant prenez la laine Solférino et travaillez de même. A la pointe du bas faites 4 barrettes dans la barrette du centre.

Répétez ce tour, augmentez en faisant 1 maille chaînette au centre des 4 barrettes du bas.

Terminez par un tour semblable au dernier de ceux qui entourent la capeline; dans le haut de la bride, faites un tour de mailles doubles.

Formez un pli dans le haut de chaque bride en les cousant à la capeline.

RÉSILLE.

Cordonnet de soie noire. Crochet en acier, n° 6.

Montez 34 mailles.

1er *tour*. 1 maille simple dans la seconde maille de la chaînette, retournez l'ouvrage, ' 15 mailles chaînettes, 1 maille simple dans la 12e, retournez, 7 mailles chaînettes, 1 maille simple dans la 4e des 11 mailles formant un rond. On a obtenu une rosette composée de deux festons de 7 mailles chaînettes et d'une chaînette de 3 mailles. On fait ensuite 3 mailles chaînettes et 1 maille simple dans la 8e maille suivante du premier tour; on répète encore trois fois depuis le signe ', ensuite on coupe le brin de soie, ainsi qu'à la fin de chacun des tours suivants.

2e *tour.* 1 maille double dans la première maille du tour pré-cédent, 22 mailles chaînettes * dans la 12e, en revenant, 1 maille simple, 7 mailles chaînettes dans la 4e des 12 mailles sui-vantes, 1 maille simple, 3 mailles chaînettes, 1 maille simple au centre des 7 mailles de la rosette suivante, 15 mailles chaî-nettes. Répétez depuis *, il doit y avoir en tout cinq rosettes dans ce tour, puis encore 10 mailles en l'air et 1 maille double dans la dernière du tour précédent.

3e *tour.* 1 maille double dans les 7 mailles chaînettes du tour précédent, 22 mailles chaînettes, 1 maille simple dans la 12e, en revenant, et continuez comme dans le tour précédent, mais il faut avoir six rosettes; on fait la dernière maille double dans la quatrième des 10 mailles chaînettes à la fin du tour précédent.

4e *tour.* Comme le 3e tour depuis le commencement jusqu'à la fin, de manière à avoir sept rosettes dans le tour.

5e *tour.* 1 maille double dans les 7 mailles chaînettes du tour précédent, 12 mailles chaînettes, 1 maille simple dans la pre-mière rosette du 5e tour. Continuez ensuite le dessin comme à l'ordinaire, et à la dernière rosette faites 12 mailles chaînettes et 1 maille double dans les sept dernières mailles du tour pré-cédent.

6e *tour.* 1 maille double dans les 8 mailles chaînettes du tour précédent, 15 mailles chaînettes, 1 maille simple dans la 12e, en revenant, 7 mailles chaînettes, 1 maille simple dans la 4e des 12 mailles chaînettes suivantes, 3 mailles chaînettes, 1 maille simple au milieu de la première rosette du sixième tour. Continuez ainsi, comme à l'ordinaire, jusqu'à ce que vous ayez fait sept rosettes.

7*e* *tour*. 1 maille double dans la première maille du tour précédent, 12 mailles chaînettes, 1 maille double au milieu de la première rosette, 6 rosettes comme à l'ordinaire, puis 12 mailles chaînettes, 1 maille double dans la dernière maille du 7*e* tour.

8*e* *tour*. Comme le 6*e*.

9*e* *tour*. Comme le 7*e*.

10*e* *tour*. Comme le 8*e*.

11*e* *tour*. Comme le 7*e*.

12*e* *tour*. 1 maille double dans les 8 mailles chaînettes du tour précédent, 10 mailles chaînettes, 1 maille simple au milieu de la rosette suivante. Continuez comme à l'ordinaire, et terminez par 10 mailles chaînettes, 1 maille double dans la dernière maille du tour précédent.

13*e* *et* 14*e* *tours*. Comme le dernier, en augmentant de trois rosettes.

15*e* *tour*. 1 maille double dans la sixième maille chaînette du tour précédent, faites 6 mailles en l'air, 1 maille simple dans chaque rosette ; terminez par 1 maille double dans la quatrième des dix dernières mailles chaînettes du 15*e* tour.

Attachez les bouts du cordonnet avec de la soie à coudre et passez un ruban élastique dans le tour extérieur des festons. On pose une ruche de ruban sur le devant de la résille.

PÈLERINE POUR PETITE FILLE.

Laine de Saxe, cinq fils, bleue et blanche. Crochet en ivoire, n° 18.

On commence par l'encolure et on travaille en allant et en revenant en faisant alternativement un tour de barrettes en laine blanche et un tour de mailles doubles en laine bleue.

Montez 41 mailles avec la laine blanche.

1er *tour*. 1 barrette dans chacune des six premières mailles, 3 barrettes dans la septième, 1 barrette dans chacune des 13 mailles suivantes, 3 barrettes dans la maille suivante, 1 barrette dans chacune des 13 mailles suivantes, 3 barrettes dans la trente-cinquième maille, 1 barrette dans chacune des 6 dernières mailles. Avec ces 3 barrettes, faites 3 fois dans une seule maille, vous avez formé les trois pointes de la pèlerine; il faut répéter cette augmentation dans tous les tours suivants, c'est-à-dire dans la maille du milieu des 3 mailles augmentées, que l'on peut désigner comme maille du coin. Au commencement et à la fin de chacun des tours suivants, augmentez d'une maille à chaque tour, c'est-à-dire, faites deux mailles dans la première et dans la dernière maille de chaque tour. A la fin de chaque tour, coupez la laine, attachez l'autre nuance et travaillez en revenant sur les mailles que vous venez de faire. Dans les tours de mailles doubles, faites deux mailles séparées par une maille chaînette dans la maille du coin, et dans les tours de barrettes faites-en cinq dans cette même maille du coin.

Après avoir fait six tours blancs et cinq tours bleus, faites tout autour de la pèlerine, y compris l'encolure, un tour de mailles doubles en laine bleue; dans chaque maille du coin ainsi qu'aux deux bouts, faites deux mailles séparées par une maille chaînette. Faites ensuite autour de la pèlerine une bordure, ainsi qu'il suit :

1er *tour. Laine blanche.* ' 1 maille double, 4 mailles chaînettes, 1 maille double, 4 mailles chaînettes, 1 maille double, le tout dans une seule maille, ce qui forme deux petits festons. Recommencez depuis '. Dans les cinq pointes on augmente, c'est-à-dire qu'en place de deux on fait trois petits festons dans une seule maille.

2e *tour. Laine blanche.* Ce tour est semblable au dernier, seulement on a soin de placer toujours les petits festons dans les mailles chaînettes du tour précédent et de passer les festons de celui-ci sous les mailles en l'air du tour actuel. Pour les deux pointes de devant, on fait trois festons dans celui du milieu; dans les trois autres pointes, on passe ces trois festons. On fait encore de la même manière deux tours bleus, deux tours blancs, et pour terminer, un tour bleu, en répétant toujours les augmentations aux mêmes endroits.

On attache la pèlerine dans le haut par deux boutons en bois recouverts en laine bleue, mailles doubles, et fermés par des bouclettes formées de mailles chaînettes.

PÉLERINE COLLET.

Laine de Saxe cinq fils, pintade, violette et blanche. Crochet en ivoire, n° 20.

Montez 75 mailles avec la laine pintade.

1er *tour*. 2 barrettes, * 1 maille chaînette, passez 2 mailles, 2 barrettes dans la suivante. Répétez depuis *, et terminez par 2 barrettes dans la dernière maille chaînette.

2e *tour*. 5 mailles chaînettes, 2 barrettes entre les 2 barrettes qui terminent le tour précédent, 1 maille chaînette, passez la maille chaînette qui se trouve après les 2 barrettes suivantes, * 5 barrettes dans la maille chaînette suivante, 1 maille chaînette, répétez 4 fois depuis * ; 5 mailles chaînettes, 5 barrettes dans la même maille que les trois dernières. Répétez depuis le premier signe * jusqu'au second, jusqu'à ce que vous soyez arrivée au milieu de la pèlerine, là faites encore 5 barrettes, 5 mailles chaînettes, 5 barrettes dans la même maille. Répétez ensuite cinq fois depuis le premier signe * jusqu'au second, faites ensuite une augmentation, comme dans la maille du milieu, puis repétez encore le même point jusqu'à la fin du tour ; terminez par 5 barrettes entre les 2 barrettes à la fin du tour précédent.

3e *tour*. 5 mailles chaînettes, 2 barrettes entre la première et la deuxième des 5 barrettes qui terminent le tour précédent, * 1 maille chaînette, 5 barrettes dans la maille chaînette suivante, 1 maille chaînette, répétez ; faites les mêmes augmentations que dans le dernier tour, dans la maille du milieu des 3 mailles chaînettes qui se trouvent entre les deux groupes de trois barrettes placés dans la même maille; à la fin du tour faites 1 maille chaînette, 3 barrettes entre la seconde et la troisième des 3 barrettes du tour précédent. Faites encore huit tours semblables à celui-ci.

12e *tour.* 3 mailles chaînettes, 2 barrettes entre la première et la seconde des 3 barrettes à la fin du dernier tour *, 1 maille chaînette, 3 barrettes dans la maille chaînette suivante. Répétez quatre fois depuis *; 1 maille chaînette, 3 barrettes, 3 mailles chaînettes et encore 3 barrettes dans la même maille, ce qui fait une augmentation de plus; faites-en encore trois dans ce tour, à la même distance des augmentations du tour précédent que celle-ci le sera de la première augmentation; faites 1 maille chaînette, 3 barrettes, alternativement jusqu'à ce que vous arriviez à l'endroit où il y a 3 mailles chaînettes; là faites une augmentation, continuez ensuite à faire toujours 1 maille chaînette, 3 barrettes; terminez par 3 barrettes entre les deux dernières du tour précédent.

Faites encore 2 tours semblables au 12e, puis prenez la laine blanche et faites-en un troisième, toujours de même.

16e *tour.* Prenez la laine violette; 3 mailles chaînettes, 2 barrettes entre la première et la seconde des 3 barrettes, * 1 maille chaînette, 3 barrettes dans la maille chaînette suivante, 1 maille chaînette, répétez 3 fois depuis *; 1 maille chaînette, passez la maille chaînette suivante, 3 barrettes entre la première et la seconde des 3 barrettes suivantes, 1 maille chaînette, 3 barrettes dans la maille chaînette suivante, 1 maille chaînette, 3 barrettes dans les 3 mailles chaînettes, 3 mailles chaînettes, puis encore 3 barrettes dans le même endroit ; répétez depuis le premier signe * au commencement de ce tour ; terminez par 3 barrettes entre les 2 dernières barrettes du tour précédent.

Faites 6 tours semblables au 12e, les 4 premiers avec la laine violette, le 5e avec la laine blanche et le 6e avec la laine pintade. Puis un tour de crochet à jours en laine pintade autour de l'encolure, un tour autour du bas et des devants de la pèlerine, composé de 5 barrettes dans chaque ouverture, 2 mailles chaînettes entre chaque groupe de 5 barrettes avec la laine violette.

Passez dans le tour à jours de l'encolure une torsade en laine blanche et violette, terminée par des glands assortis.

FICHU AUGUSTA.

Laine zéphyr trois fils, blanche et rose. Crochet en ivoire, n° 20.

Ce fichu, très-léger, peut aussi servir de capeline ; il est carré et se commence par le milieu.

Montez 16 mailles et formez-en un rond ; dans la maille qui réunit ce rond faites un feston composé de 7 mailles chaînettes et d'une maille double, pour le premier coin *. Sous le deuxième feston, passez 3 mailles du tour précédent; faites le troisième feston, et placez la maille double qui le ferme dans la même maille que la maille double du deuxième feston; cela forme le deuxième coin. Faites les quatre festons suivants, qui composent les côtés du petit carré, en recommençant depuis *; la maille double du huitième feston qui termine le tour doit être faite dans la maille du milieu du premier feston. A tous les tours du fichu faites 2 mailles doubles séparées par 7 mailles chaînettes, dans chaque feston du coin, pour augmenter. Faites ainsi 28 tours en comptant depuis le milieu. Puis 4 tours en laine rose et quatre en laine blanche, en tout 36 tours.

Préparez des brins de laine blanche d'environ 50 centimètres de longueur, nouez 9 de ces brins en les doublant, dans chaque feston du tour extérieur, ce qui formera une frange composée de petites houppes de 15 brins de laine de 15 centimètres à peu près de longueur.

CAPELINE ARABE.

Laine zéphyr 5 fils, blanche. Crochet en ivoire, n° 18.

Montez 6 mailles pour la fondation, puis encore 3 pour une première barrette, passez 2 mailles de la chaînette et faites 2 barrettes dans la troisième, 1 maille chaînette, puis encore 2 barrettes dans la même maille, passez 2 mailles et faites dans

la sixième et dernière 2 barrettes, 1 maille chaînette, puis encore 2 barrettes. Retournez l'ouvrage, faites 3 mailles chaînettes, piquez dans l'ouverture sous la maille chaînette, entre

les 4 barrettes et formez un groupe semblable de 4 barrettes avec une maille chaînette au centre, puis 1 maille chaînette, un groupe de 4 barrettes entre les 4 suivantes, 1 maille chaînette, un groupe de 4 barrettes entre la dernière barrette et la chaînette de 3 mailles du tour précédent, pour augmenter.

On continue de la même manière, sous chaque chaînette entre les barrettes, 4 barrettes avec une maille chaînette au centre et une maille chaînette entre chaque groupe de barrettes, on augmente d'un groupe de barrettes à tous les deux tours, toujours du même côté; on monte 3 mailles chaînettes au commencement de chaque tour. Lorsqu'on a fait 52 tours, on a obtenu un triangle dont le dernier tour a 28 groupes de barrettes.

On travaille ensuite tout autour du triangle en formant toujours des groupes de barrettes séparés par des mailles chaînettes.

On fait encore trois tours semblables, mais en piquant le crochet, non dans l'espace entre les barrettes, mais sous les chaînettes qui séparent chaque groupe. On termine par un tour de crochet-feston.

Il faut exécuter deux morceaux absolument semblables de forme triangulaire; on les assemble sur leur côté le plus long, au centre, sur un tiers environ de la longueur, en les fronçant légèrement; la partie supérieure est destinée à couvrir la tête, la pointe du haut de cette partie retombe sur le front, les deux pointes du bas se nouent sous le menton; la seconde partie de la capeline retombe sur le cou et les épaules en forme de fichu.

Notre dessin montre la manière dont on pose ce fichu, qui forme en même temps une capeline élégante, chaude et légère.

CHALE AVEC BORDURE D'HERMINE.

Laine de Saxe cinq fils, blanche et violette. Crochet en buis à boule, n° 52.

Ce petit châle se fait tout entier au point de crochet tunisien ordinaire.

Pour le bas du châle, montez 261 mailles et faites un tour entier, c'est-à-dire en allant et en revenant. On indique comme un seul ces deux tours qui complètent le point.

Au deuxième tour, passez la première maille verticale sans la relever ; cela forme une diminution. Relevez les autres mailles jusqu'à la 128e ; prenez ensuite à la fois les deux mailles qui suivent ; cela forme encore une diminution et marque le milieu du dos. Continuez le tour comme à l'ordinaire, et prenez ensemble les deux dernières mailles pour diminuer encore.

On fait les mêmes diminutions à chaque tour, bien au-dessus les unes des autres ; 14 tours en laine blanche, 24 tours en laine violette.

Au dernier tour violet, il faut, après les 15 premières mailles, prendre ensemble les deux suivantes. On répète ces diminutions de l'autre côté du milieu, dans la seconde moitié du châle.

Les 8 tours suivants se font de la même manière, pour marquer la place des épaules. Le dernier tour blanc est tout uni.

Autour du cou on fait deux tours de crochet ordinaire, mailles doubles.

Ensuite on exécute en laine blanche deux bandes de 9 mailles de largeur, au crochet tunisien tout uni ; on les attache de chaque côté du devant du châle par un point de couture. Pour le col, on répète les 9 derniers tours du châle en laine blanche ; on le termine autour du cou par deux tours de crochet ordinaire, mailles doubles, et on l'attache autour de l'encolure.

Il ne reste plus qu'à faire les *queues* de l'hermine en laine noire. Pour la bordure du tour il en faut treize. Elles se composent de deux tours de crochet tunisien, sur 12 mailles, encadrées d'un tour de crochet ordinaire, mailles doubles, et sont arrondies aux coins. On en place une exactement au centre de la bordure, dans le sens de la longueur, et six de chaque côté, à distances égales. Les queues du tour du cou et des devants n'ont que 8 mailles de longueur. Il en faut sept pour le col et cinq pour chaque devant. Le châle se ferme par deux doubles boutons en passementerie.

VESTE AU CROCHET TUNISIEN.

Laine de Saxe cinq fils, violette et blanche. Crochet en buis à boule, n° 34.

Montez 160 mailles avec la laine violette et faites 23 tours doubles en allant et en revenant.

Divisez les mailles en trois parties, 80 au milieu pour le dos, 40 de chaque côté pour les devants ; pour le dos, faites 4 tours en diminuant au commencement et à la fin de chaque tour; puis 1 tour sans diminuer, 6 tours en diminuant de 2 mailles au commencement et à la fin, 4 tours en diminuant de 4 mailles au commencement et à la fin.

Pour le devant. Faites le devant de l'entournure pour correspondre avec le côté du dos et diminuez d'une maille à chaque tour au bord du devant; faites le second devant semblable et réunissez les épaulettes par un tour de mailles simples.

Pour la basquine. Reprenez les mailles du bord inférieur, travaillez sur les 80 mailles du milieu et augmentez d'une maille dans toutes les 5 mailles. Au tour suivant, commencez dans la 40e maille depuis le commencement du tour et continuez sur 40 mailles au delà du tour précédent. Le 3e et le 4e tours se font de la même manière. Faites encore 5 tours en augmentant dans toutes les deux mailles en tournant les coins et dans toutes les cinq mailles, dans les autres parties de la veste dans les premier, troisième et cinquième tours, puis faites un tour uni. Prenez la laine blanche et faites encore 4 tours, augmentant aux coins afin que le tissu ne bride pas, et diminuez d'une maille à l'endroit où se réunissent les épaulettes dans le premier et le troisième tours.

Pour les manches. Montez 70 mailles avec la laine blanche et faites 5 tours; prenez la laine violette et faites 41 tours; cousez les manches aux entournures.

Ajoutez une torsade en laine terminée par des glands, pour attacher la veste autour de la taille.

CRAVATE EN CHENILLE.

Chenille noire et ponceau. Crochet en buis. n° 56.

Montez 110 mailles.

1er *tour.* 2 barrettes, 2 mailles chaînettes sous lesquelles passez 2 mailles. Toute la cravate se fait de ce même point.

Le premier tour se fait en chenille noire, le second en chenille rouge; on continue à alterner les couleurs à chaque tour.

Au troisième tour, on passe les deux ouvertures du commencement et de la fin du tour précédent et on ne fait pas de mailles chaînettes entre les barrettes du milieu.

Au quatrième tour, passez également les deux premières et les deux dernières ouvertures du tour précédent, et passez les quatre barrettes du milieu de ce tour.

Au cinquième tour, reprenez les points que vous avez passés dans les tours précédents au commencement et à la fin, passez l'ouverture du milieu du tour précédent et ne faites pas de mailles chaînettes entre les barrettes du milieu.

Pour la garniture, faites tout autour : 2 barrettes dans une maille, 5 mailles chaînettes, 2 barrettes dans la maille suivante, 5 mailles chaînettes, passez 3 mailles. Répétez.

On peut aussi faire cette cravate en laine.

CRAVATE EN LAINE POUR PETITE FILLE.

Laine de Saxe, cinq fils, ombrée, rose ou bleue. Crochet en ivoire, n° 16.

1er *tour.* On commence par le tour du milieu. Après avoir fait un nombre de mailles chaînettes suffisant pour la longueur qu'on veut donner à la cravate, on travaille, de chaque côté de la chaînette de la fondation de la manière suivante : 1 barrette, 1 maille chaînette. Répétez.

2e *tour.* On continue l'ouvrage en tournant toujours autour de la rangée du milieu : 4 mailles chaînettes, * 3 barrettes dans la première ouverture, 1 maille chaînette. Répétez depuis *.

3e, 4e et 5e *tours.* Semblables au deuxième. Dans ces quatre derniers tours, quand vous arriverez à la dernière ouverture, mettez-y 3 barrettes, 1 maille chaînette, puis encore 3 barrettes, afin que le coin soit bien tourné.

6e *tour.* 1 maille double (au-dessus de la première barrette), 3 mailles chaînettes, 1 barrette, 3 mailles chaînettes, 1 maille double, 4 mailles chaînettes ; passez une maille ; répétez.

7e *tour.* 1 maille simple (au-dessus de la première barrette), passez trois mailles, 7 mailles crochet-feston dans l'ouverture des quatre mailles chaînettes du tour précédent, passez 3 mailles, répétez. Cela forme le feston du bord et la cravate se trouve terminée.

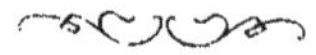

COL D'ENFANT.

Coton C. B. nº 80. Crochet en acier, nº 4.

Ce col se compose de côtes mates et d'entre-deux à jours. Il se fait en allant et en revenant, dans le sens de la longueur.

On monte une chaînette de 30 mailles, puis en revenant on fait une maille simple dans chaque maille de la chaînette, on encadre la nervure ainsi formée d'un tour de barrettes, 1 barrette dans chaque maille ; dans la maille qui se trouve à l'extrémité de la chaînette, on fait trois mailles doubles, on continue ensuite de l'autre côté, 1 barrette dans chaque maille.

On commence ensuite le dessin à jours. Après avoir fait quelques mailles simples pour arriver au bord extérieur de la côte, on fait * 2 mailles chaînettes, 1 picot, 1 maille chaînette, 1 picot, 2 mailles chaînettes, on passe 7 mailles de la côte mate, on fait une maille simple dans la huitième maille. On répète encore une fois depuis *, seulement on fait 3 mailles chaînettes au lieu de deux, avant de faire une seconde maille simple ; on fait encore 3 mailles chaînettes, 2 picots, séparés par une maille chaînette, puis 5 mailles chaînettes, 1 maille simple dans la huitième maille de la côte mate après la dernière maille simple, 1 picot, 2 mailles chaînettes, 1 maille simple en piquant dans la quatrième des cinq mailles chaînettes qui précèdent immédiatement la dernière maille simple, 1 maille chaînette, puis un petit trèfle composé de trois picots divisés chacun par une maille chaînette et réunis dans la même maille, ensuite 4 mailles chaînettes, 1 picot, 3 mailles chaînettes, 1 maille simple en piquant dans la troisième maille avant le dernier picot, 2 mailles chaînettes, 1 maille simple en piquant le crochet entre la bouclette fermée et le dernier picot du dernier feston du tour précédent.

Vous avez ainsi tourné le coin de l'entre-deux à jours dont l'extrémité se trouve terminée par un trèfle. Revenez sur le premier tour de cet entre-deux en formant des festons tout à fait semblables ; rattachez les festons du tour actuel à ceux du tour précédent par une maille simple, au commencement de chaque chaînette de trois ou quatre mailles. Lorsque vous aurez terminé le premier entre-deux, faites une chaînette de trois mailles avant de commencer la seconde côte mate, et à la fin de chaque côte, revenez en mailles simples jusqu'au bord de cette côte afin de pouvoir commencer le second entre-deux. Faites alternativement une côte mate et un entre-deux à jours ; il faut, pour le col entier, 26 côtes et 25 entre-deux.

Autour de l'encolure, faites deux tours de mailles simples serrées, en diminuant, de manière à donner au col la forme voulue. On ajoute un bouton et une boutonnière pour fermer le col par derrière

COL IMITANT LA GUIPURE D'IRLANDE.

Coton C. B., n° 150. Crochet en acier, n° 1.

Le dessin de ce col, qui est d'une grande finesse, se compose de trois rangs de petites rosaces rattachées par des croix et des chaînettes à picots.

Chaque rosace se fait à part. On monte 8 mailles chaînettes dont on forme un rond ; dans l'ouverture de ce rond, on exécute quatre bouclettes de 7 mailles chaînettes, fermées par une maille simple ; ces bouclettes restent en relief au centre de la rosace, on travaille ensuite en dessous des bouclettes, sur les 8 mailles de la première chaînette ; on fait 2 barrettes sur chacune de ces 8 mailles, en formant la première par trois mailles chaînettes.

Au tour suivant, on fait, sur chaque barrette, 1 barrette simple ; puis, 1 barrette surmontée d'un picot, c'est-à-dire qu'après avoir fini la barrette, on fait 4 mailles chaînettes ; puis 1 maille simple dans la quatrième de ces mailles chaînettes. On alterne les barrettes simples avec les barrettes à picots. Cependant, en terminant le dernier tour on omet un picot et l'on fait par conséquent trois barrettes simples à côté les unes des autres. On arrête avec soin son fil par derrière et on le coupe.

On fait une seconde petite rosace semblable, avec cette seule différence qu'au-dessus de la seizième barrette à picot on fait, au lieu d'un seul picot, une bouclette composée de 2 mailles chaînettes, 1 picot, 1 maille chaînette, 1 picot, 2 mailles chaînettes ; puis on pique le crochet dans la barrette du milieu des trois barrettes simples de la rosace précédente. On fait 1 maille simple, puis 2 mailles chaînettes, 1 picot, 1 maille chaînette, 1 picot, 2 mailles chaînettes. On pique le crochet dans la même barrette (16ᵉ de la seconde rosace), où l'on a commencé la première branche de la bouclette et on continue le dernier tour de la deuxième rosace comme celui de la première en terminant par trois barrettes simples.

On fait encore vingt-six rosaces de la même manière, en faisant seulement la bouclette qui les réunit d'un picot et d'une maille plus longue que la première de chaque côté.

On aura alors vingt-huit rosaces rattachées ensemble chacune par une bouclette ; la vingt-neuvième est celle qui termine la première rangée du col (en partant du bas); elle se fait et se rattache comme les autres, seulement avec une bouclette comme la première, à deux picots seulement de chaque côté, et l'on ne fait pas trois barrettes simples pour terminer, on fait un picot sur l'avant-dernière, la rosace du coin ne devant pas se rattacher à ce point.

La seconde rangée du col se compose de vingt-neuf rosaces semblables; seulement toutes les bouclettes entre les rosaces de cette rangée se font à deux picots seulement de chaque côté.

La troisième rangée compte également vingt-neuf rosaces; les bouclettes qui les rattachent se composent de 1 picot seulement pour chaque branche, avec 2 mailles chaînettes de chaque côté du picot.

Afin d'obtenir un dessin bien exact et la forme parfaite du col, il est bon d'en découper le patron. Notre dessin représente un coin du col et donne une idée de la disposition des motifs ;

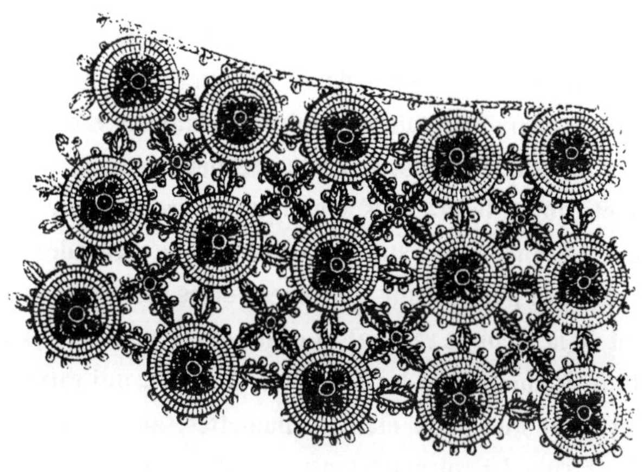

afin de suivre cette disposition, on mettra à leurs places respectives les trois rangées de rosaces, on les réunira dans le sens de la longueur, par de petites bouclettes, dont chaque branche doit se composer de 3 mailles chaînettes, 1 picot, 3 mailles chaînettes.

Ensuite, entre les rangées d'étoiles, on placera les croix, qui forment un entre-deux à jours.

Pour chaque croix, montez 8 mailles chaînettes, et formez-en un rond en réunissant la première à la dernière par une maille

simple, faites 5 mailles chaînettes, 1 picot, 3 mailles chaînettes ;
piquez dans le second picot qui se trouve au-dessus de la bouclette de la première rosace de la première rangée, faites une
maille simple, puis encore 3 mailles chaînettes, 1 picot,
5 mailles chaînettes, et fermez cette première branche de la
croix dans la maille où vous l'avez commencée ; dans la maille
suivante du rond de 8 mailles, faites un picot ; dans la suivante,
une branche dont le milieu devra se rattacher à la première
rosace de la deuxième rangée, 1 picot, 1 branche rattachée au
milieu à la deuxième rosace de la première rangée, 1 picot ;
arrêtez et coupez le fil. Vous avez fait une croix dont chacune
des quatre branches se rattache à une rosace. Procédez de la
même manière pour réunir toutes les autres rosaces de la première et de la seconde rangée ; et ensuite celles de la deuxième
et de la troisième ; mais les branches des croix qui rattachent
celles-ci n'ont que deux mailles chaînettes, au lieu de trois,
entre les picots. Le col étant ainsi arrangé, terminez-le par un
tour autour de l'encolure. Dans ce tour, faites 1 maille simple
dans chacun des deux picots supérieurs de chaque rosace, et
5 mailles chaînettes entre ces deux picots, puis entre chaque
rosace, 3 mailles chaînettes, 1 picot, 3 mailles chaînettes,
1 picot, 5 mailles chaînettes.

Il sera facile d'exécuter les manchettes pareilles, d'après les
mêmes explications, si l'on en taille d'abord le patron exact.

COL POUR FEMME.

Coton C. B. n° 150. Crochet en acier, n° 2.

Montez 268 mailles. Commencez chaque tour du même côté.

1ᵉʳ *tour*. Crochet à jours ordinaire.

2ᵉ *tour*. Passez la première maille de la chaînette, faites une maille double dans chaque maille chaînette du tour précédent et 3 mailles chaînettes entre chaque maille double. Passez la dernière maille.

3ᵉ *tour*. 1 barrette dans l'ouverture des mailles chaînettes du tour précédent, 1 maille chaînette entre chaque barrette.

4ᵉ *tour*. Commencez sur la deuxième maille chaînette du tour précédent, 1 maille double dans chaque ouverture des mailles chaînettes, 3 mailles chaînettes entre chaque maille double.

5ᵉ *tour*. 1 barrette dans chaque ouverture de 3 mailles chaînettes du tour précédent, 2 mailles chaînettes entre chaque maille double.

6ᵉ *tour*. 1 maille double dans chaque maille.

7ᵉ *tour*. 1 maille double, 6 mailles chaînettes, passez 5 mailles, 1 maille double dans la maille suivante, 5 mailles chaînettes, passez 5 mailles ; répétez.

8ᵉ *tour*. Dans l'ouverture de 6 mailles chaînettes du tour précédent faites 6 fois 1 barrette et 1 maille chaînette, puis faites 3 mailles chaînettes et répétez dans l'ouverture suivante.

9ᵉ *tour*. Commencez sur la maille chaînette, entre la seconde et la troisième barrette du tour précédent, faites 5 fois 1 barrette, 1 maille chaînette, en passant une maille sous chaque maille chaînette; après la cinquième barrette, faites ⁎ 3 mailles chaînettes, puis 7 fois 1 barrette, 1 maille chaînette, passez 1 maille; la première des 7 mailles chaînettes doit se trouver sur la dernière des 3 mailles chaînettes qui précèdent les 6 barrettes du dernier tour; répétez depuis ⁎.

10ᵉ *tour*. Commencez sur la maille chaînette entre la seconde et la troisième des 5 barrettes du commencement du dernier tour, faites 3 fois 1 barrette et 1 maille chaînette, en passant une maille sous la maille chaînette, après la 3ᵉ barrette, faites ⁎ 4 mailles chaînettes, 1 barrette dans la maille chaînette qui suit la première des 7 barrettes du tour précédent, 1 maille chaînette; faites encore 5 fois 1 barrette, 1 maille chaînette en passant 1 maille sous chaque maille chaînette; répétez depuis ⁎.

11ᵉ *tour*. 1 barrette dans la maille chaînette après la première barrette du tour précédent, 1 maille chaînette, 1 barrette dans la maille chaînette suivante, ⁎ 5 mailles chaînettes, 1 barrette dans la maille chaînette après la première des 6 barrettes du tour précédent, 1 maille chaînette, 1 barrette dans la maille chaînette suivante, 1 maille chaînette, passez 3 mailles, 1 barrette dans la maille chaînette suivante, 1 maille chaînette, 1 barrette dans la maille chaînette suivante, en tout 4 barrettes; répétez depuis ⁎.

12ᵉ *tour*. 1 barrette dans la première maille chaînette du

dernier tour, 9 mailles chaînettes, 1 barrette entre la première
et la seconde des 4 barrettes du tour précédent, 1 maille chaî
nette, passez 3 mailles, 1 barrette dans la maille chaînette suivante ; répétez.

13e *tour.* 1 barrette sur la première barrette du tour précédent, 9 mailles chaînettes, ˙ 1 barrette dans la maille chaînette
entre les deux barrettes du tour précédent, 11 mailles chaînettes ; répétez depuis ˙.

Ce tour termine le fond du col ; faites ensuite un tour de
mailles doubles tout autour ; ce tour doit être un peu serré
autour de l'encolure.

Faites ensuite la petite dentelle suivante autour du col :

1er *tour.* 1 maille double, 3 mailles chaînettes, passez 1 maille ;
répétez.

2e *tour.* 2 barrettes dans l'ouverture des 8 mailles chaînettes
du tour précédent, 1 maille chaînette, 2 barrettes dans les
mailles chaînettes suivantes, 5 mailles chaînettes, passez les
mailles chaînettes suivantes ; répétez.

3e *tour.* 1 maille double dans la première maille chaînette du
tour précédent, 5 mailles chaînettes, 1 maille double dans
l'ouverture des 5 mailles chaînettes du tour précédent, 5 mailles
chaînettes ; répétez.

CACHE-NEZ.

Laine de Saxe cinq fils blanche. Crochet en buis, n° 20.

Montez 39 mailles pour la largeur du cache-nez.

Faites 4 mailles en plus pour la première barrette et piquez dans la sixième maille ; faites ensuite alternativement, 1 barrette, 1 maille chaînette, jusqu'au bout de la chaînette du commencement.

Après cela, travaillez au crochet boules n° 12, et faites un nombre suffisant de tours pour la longueur du cache-nez.

Terminez par un tour semblable au premier.

Ajoutez à chaque bout une frange, formée de trois brins de laine de 15 centimètres de longueur, noués dans chaque ouverture.

Le crochet tunisien à côtes, n° 17, et le crochet tunisien à jours, n° 18, sont aussi très-convenables pour cache-nez.

BONNET GREC.

Ficelle fine. Laine de Saxe cinq fils, noire et pensée. Crochet en ivoire, n° 14.

On commence par le milieu du fond, on travaille en rond et en piquant toujours le crochet sous la maille entière.

Montez 12 mailles sur la ficelle avec la laine noire et formez-
en un rond. Prenez la laine pensée, sans couper la laine noire ;
faites 2 mailles dans chaque maille du rond, alternativement
2 mailles noires, 2 mailles pensée.

Afin de former un dessin de *palmes,* à chaque tour suivant,
on recule les mailles pensée, de manière que la première maille
d'une palme (pensée) se trouve toujours sur la dernière maille
du fond (noir) ; l'augmentation doit être faite au milieu de
chaque palme, au milieu de chaque espace du fond, afin de ne
point entamer les contours. Il faut avoir soin de tendre la
ficelle sur laquelle on travaille, pour maintenir le fond bien plat.

2ᵉ *tour.* Comme le premier.

3ᵉ *tour.* Toujours 3 mailles noires, 3 mailles pensée.

4ᵉ *tour.* Comme le précédent.

5ᵉ *tour.* Toujours 4 mailles noires, 4 mailles pensée.

6ᵉ *tour.* Comme le précédent.

Du 7ᵉ au 19ᵉ *tour,* augmentez d'une maille dans chaque tour
au milieu de chaque palme et au milieu de chaque espace entre
les palmes, de manière à avoir dans le 19ᵉ *tour* alternativement,
17 mailles noires, 17 mailles pensée.

Pour le bord. Six tours semblables au dix-neuvième, en
serrant un peu la ficelle, puis 6 tours en laissant la ficelle plus
lâche ; ensuite 2 tours dans lesquels on donne aux palmes
une forme arrondie en faisant 2 mailles noires de plus sur
2 mailles de chaque côté des palmes.

1 tour entièrement noir.

1 tour entièrement pensée.

On encadre ensuite le contour des palmes avec de petites perles de jais ; on enfile deux perles à la fois et l'on recouvre un tour avec un seul point.

On ajoute un gland, fait en laine pensée et noire, orné de perles noires au centre du fond de la calotte.

MITAINE.

Cordonnet de soie noire. Crochet en acier, n° 4.

Montez 136 mailles avec la soie noire et formez-en un rond.

1er *tour*. 1 barrette double, ˙ 3 mailles chaînettes, 1 barrette double dans la même maille que la précédente, passez 3 mailles, 1 barrette double ; recommencez depuis ˙.

2e *tour*. 1 barrette dans l'ouverture des 3 mailles chaînettes du tour précédent, ˙ 3 mailles chaînettes, encore une barrette dans la même ouverture, 1 barrette dans l'ouverture suivante, recommencez depuis ˙.

3e *tour*. On commence à diminuer ; avec la première barrette, on prend à la fois deux festons (composés chacun de 3 mailles chaînettes) du tour précédent ; 3 mailles chaînettes, 1 barrette à la même place que la précédente. Répétez 13 fois ce dernier tour.

Puis, faites 2 tours sans diminution pour terminer la man-chette.

Faites ensuite pour la main un tour semblable au premier,
puis 6 tours semblables au second.

7e *tour.* Lorsque vous arrivez à la moitié du tour, du côté
opposé à celui de la diminution, commencez l'augmentation
en plaçant 1 barrette, 3 mailles chaînettes, puis encore
1 barrette entre deux barrettes non séparées par des mailles
chaînettes ; répétez cette augmentation dans ce même tour,
après avoir fait quatre fois de suite : 1 barrette, 3 mailles
chaînettes, 1 barrette ; on augmente de cette manière dans
chaque quatrième tour, mais en augmentant chaque fois l'espace
compris entre les augmentations des deux festons de mailles
chaînettes, afin que les augmentations forment des lignes en
biais. Après avoir augmenté 4 fois de la sorte, on fait, depuis
la dernière augmentation, 14 mailles chaînettes et l'on place la
barrette suivante dans la première augmentation du dernier
tour ; on a formé ainsi l'ouverture pour le pouce, que l'on fait
en rond ; on diminue une fois dans chaque tour (sur les
14 mailles ajoutées) ; cette diminution se fait de même que
celles de la manchette ; on la répète jusqu'à ce que le tour entier
soit de 50 mailles ; on fait ensuite quelques tours sans diminution ; lorsque l'on compte onze mailles pour le pouce, on
fait 1 maille double entre deux barrettes du tour précédent
non séparées par des mailles chaînettes ; * 5 mailles chaînettes sous lesquelles on passe 3 mailles du tour précédent,
1 maille double entre les deux barrettes suivantes ; répétez
depuis *. Avec les 2 ou 3 derniers tours du pouce, on forme
un petit revers que l'on attache par quelques points.

On rattache la soie à l'ouverture de la main et l'on commence sur les 14 mailles ajoutées, où l'on diminue 3 fois de suite.

On fait ensuite un tour sans diminuer ; puis un tour où l'on diminue 2 fois, mais en mettant un feston de mailles chaînettes et 2 barrettes entre les diminutions. On fait ensuite 15 tours sans diminution, puis un tour semblable à celui qui termine le pouce ; on replie les six derniers tours pour former un revers que l'on fixe par quelques points.

On fait ensuite dans le premier tour de la manchette un tour semblable à celui qui termine la mitaine et on en replie également six tours pour former un revers.

On marque trois nervures sur le dessus de la main par une raie droite avec une raie en biais de chaque côté, au point de chaînette en soie plate. On passe dans le tour qui marque le poignet une petite ganse en torsade de soie noire terminée à chaque extrémité par un petit gland.

PETITE MANCHETTE EN LAINE.

Laine de Saxe cinq fils blanche et rouge. Crochet en ivoire, n° 16.

Montez 18 mailles avec la laine blanche.

Travaillez en allant et en revenant, dans le sens de la longueur de la manchette, au crochet mailles doubles, à côtes.

Faites 24 côtes ou 48 tours, et fermez la manchette en

réunissant la dernière côte à la première par un simple point de couture à l'intérieur.

Cela termine le fond. On procède ensuite à l'ornementation de la manchette.

Commencez par 1 maille simple sur la deuxième maille de la première côte en relief, faites 4 mailles chaînettes, passez une maille de la côte, faites 1 barrette dans la suivante, * puis 1 maille chaînette, passez une maille, 1 barrette dans la suivante; répétez depuis * jusqu'à ce qu'il ne vous reste plus qu'une seule maille de la côte, laissez cette maille libre et continuez la rangée de barrettes *en tournant*, c'est-à-dire pour arriver à la troisième côte du fond, faites trois barrettes dans le sens de la largeur de la manchette, et toujours une maille chaînette entre chaque barrette; recommencez ensuite sur la troisième côte, en remontant, à l'extrémité supérieure de cette côte *tournez* comme au bas et redescendez sur la cinquième; continuez ainsi à former en *spirale* des rangées de barrettes en passant toujours une côte entre chaque rangée.

Avec la laine rouge formez ensuite au-dessus des rangées de barrettes un tour composé de festons de cinq mailles chaînettes attachés dans chaque ouverture par une maille simple.

Ce tour termine la manchette, dont l'effet est très-joli.

MANCHETTE AVEC BORDURE D'HERMINE.

Laine de Saxe cinq fils blanche, violette ombrée et noire. Crochet en ivoire, n° 16.

Montez 60 mailles et formez-en un rond.

Faites six tours de mailles doubles avec la laine blanche.

Puis faites trois tours de crochet à jours avec la laine violette ombrée.

10e *tour.* Faites 1 maille double dans chaque ouverture du tour précédent et 5 mailles chaînettes entre chaque maille double.

11e *tour.* 9 mailles chaînettes, passez une des dents de cinq mailles chaînettes et faites 1 maille simple dans la suivante. Continuez de même.

12e *tour.* 1 maille double dans la quatrième des neuf mailles chaînettes, 6 mailles chaînettes, passez une maille, 1 maille double dans la maille suivante, 6 mailles chaînettes, 1 maille double dans la quatrième maille du feston suivant, et ainsi de suite.

13e *tour.* 1 maille simple dans chaque ouverture de la petite dent au sommet des festons, en passant les autres ; 9 mailles chaînettes entre chaque maille simple.

Sur la partie blanche de la manchette, brodez de distance en distance quelques points lancés en laine noire pour imiter les queues de l'hermine.

SOUS-MANCHE.

Laine zéphyr trois fils blanche ou de couleur. Crochet en ivoire, n° 18.

Montez 168 mailles.

1er *tour.* * 9 mailles chaînettes, passez les cinq premières mailles, 1 maille double dans la 6e. Répétez depuis *.

2e *tour.* 5 mailles simples sur les cinq premières mailles chaînettes du premier feston, * 9 mailles chaînettes, 1 maille double au centre du feston suivant, 5 mailles chaînettes, 1 maille double, 5 mailles chaînettes, 1 maille double dans ce même feston. Répétez depuis *.

3e *tour.* 5 mailles simples sur les cinq premières mailles chaînettes, * 9 mailles chaînettes, 1 maille double au centre du feston suivant. Répétez depuis *.

Répétez alternativement ces deux derniers tours jusqu'à ce que vous en ayez complété 38, puis encore deux tours semblables au 3e.

Faites ensuite la dentelle qui doit garnir le poignet et retomber sur la main.

1er *tour de la dentelle.* 5 mailles simples sur les 5 premières mailles du dernier tour de la manche, * 4 mailles chaînettes, 1 maille double au centre du feston suivant. Répétez depuis *.

2e *tour.* 4 mailles chaînettes, * 1 barrette dans la 2e maille du tour précédent, 1 maille chaînette. Répétez depuis *.

3e *tour.* * Sur la maille chaînette qui se trouve entre 2 barrettes, 1 maille double, 5 mailles chaînettes, 1 maille double, 8 mailles chaînettes sur la même maille, 1 maille double, 7 mailles chaînettes. Passez 4 barrettes et répétez.

4e tour. 5 mailles simples, *en arrière,* sur 5 des mailles du dernier feston, ' 1 maille chaînette, 1 barrette, 5 mailles chaînettes, 1 barrette, 5 mailles chaînettes, 1 barrette, 5 mailles chaînettes, 1 barrette. Toutes ces barrettes sont placées sur l'un des festons de 8 mailles et l'on passe le feston de 5 mailles ; 1 maille chaînette, 1 maille double sur le feston suivant, composée de 7 mailles. Répétez depuis '.

BOURSE ALGÉRIENNE.

Soie d'Alger noire, maïs, rouge, verte, bleue et blanche. Crochet en acier, n° 6.

La partie inférieure de la bourse se fait au *crochet vagues* de la manière suivante :

Montez 120 mailles avec la soie noire, joignez la première à la dernière et travaillez en rond ; faites deux tours de mailles doubles.

3e tour. C'est à ce tour que l'on commence à former les *vagues.* ' Faites 6 mailles doubles, 2 demi-barrettes ; puis 3 barrettes dans une seule maille, 2 demi-barrettes. Répétez depuis ' jusqu'à la fin du tour.

4e tour. Mailles doubles : faites toujours 5 mailles dans une seule en piquant le crochet au milieu des 6 mailles doubles du tour précédent, puis aux 6 mailles doubles suivantes, passez les 2 mailles du milieu. Continuez ainsi à faire alternativement une augmentation et une diminution dans les mailles doubles jusqu'à la fin du tour. Vous devez avoir en tout 8 *vagues* ou ondulations dans le tour.

Tout le crochet vagues se fait comme ce dernier tour. Lorsque vous aurez complété en tout 7 tours, changez de couleur ; faites 1 tour maïs, 2 tours noirs, 1 tour maïs, 4 tours en alternant toujours la moitié d'une vague rouge et la moitié d'une vague verte, c'est-à-dire 6 mailles de chaque nuance ; puis, 1 tour maïs, 2 tours noirs, 1 tour maïs, 4 tours en alternant les moitiés de vagues de bleu et de blanc. Recommencez deux fois au premier tour maïs. Ensuite, pour remplir les espaces des vagues, répétez le *troisième* tour de l'ouvrage avec la soie noire, puis faites deux tours unis en mailles doubles. Vous ferez après cela, toujours avec la soie noire, 22 tours de crochet à jours, non plus en travaillant en rond, mais en allant et en revenant. Fermez la bourse (l'ouverture étant terminée), et travaillez de nouveau en rond. Faites 15 tours noirs, 1 tour maïs, 2 rouges, 1 maïs, 4 noirs, 1 maïs, 2 bleus et 1 maïs.

Ensuite faites un tour noir, en diminuant d'une maille 8 fois ; il faut laisser un nombre égal de mailles entre chaque diminution. Continuez à diminuer dans les mêmes proportions et aux mêmes endroits, aux tours suivants. Lorsque vous aurez fait 8 tours en diminuant, arrêtez la soie, froncez le bout de la bourse et fermez-le. •

Ajoutez un anneau noir en passementerie (on ne met qu'un

seul anneau, parce que le bout de la bourse se noue d'un côté), et des glands de soie assortis.

ORNEMENTS AU CROCHET

IMITANT LA PASSEMENTERIE.

Les ornements au crochet, exécutés en soie de cordonnet noire et imitant la passementerie, sont très à la mode pour garnir les robes, vestes et mantelets. Ce sont des agrafes, entre-deux et agréments divers. Nous donnons l'explication de plusieurs de ces garnitures, de genres différents, et le dessin d'un ornement d'épaule qui sera très-joli appliqué à une veste ou casaque en taffetas.

On prend, pour ce genre de travail, de la soie de cordonnet, ainsi que nous l'avons indiqué, et un crochet en acier, n° 4 ou 6.

N° 1. — ORNEMENT D'ÉPAULE.

Montez 16 mailles chaînettes et formez-en un rond en réunissant la première à la dernière par une maille simple.

Travaillez ensuite en piquant le crochet dans l'ouverture du rond ; faites ainsi 5 mailles doubles, puis formez la première branche de la croix comme il suit : 2 mailles chaînettes, un petit trèfle. Voici comment on forme chaque trèfle : 2 mailles chaî-

nettes, 1 picot, 1 maille chaînette, 1 picot, 1 maille chaînette,
1 picot, 2 mailles chaînettes, tout cela fait *en l'air*. Repiquez
ensuite le crochet dans la sixième maille, où vous avez commencé la branche. Répétez sept fois depuis le commencement
du tour et l'étoile du milieu sera terminée.

Pour former le petit carré mat, avec trèfle en relief au haut
de l'ornement, montez 15 mailles et faites 6 tours unis en mailles doubles. Au 7ᵉ tour on exécute le petit trèfle. Faites 8 mail-

les doubles, 6 mailles chaînettes, 1 maille simple dans la maille suivante du tour précédent; puis encore deux bouclettes de 6 mailles en piquant toujours dans la même maille pour les refermer; ensuite, dans l'ouverture de chacune des bouclettes, faites 9 points de crochet-feston, terminez ensuite le tour en mailles doubles et faites encore six tours unis.

Pour chaque étoile du tour, faites 8 petits trèfles séparés par 2 mailles chaînettes et réunissez la première maille du tour à la dernière.

La bordure se compose de deux bords que l'on forme avec de la ganse lisse noire; on lui donne la forme voulue en la recouvrant de mailles doubles avec la soie de cordonnet; on augmente de plusieurs mailles aux endroits où la ganse doit tourner; de distance en distance et d'après les indications de notre modèle, on forme, dans le rang de mailles doubles, des petits trèfles et des picots alternés, et dans le tour extérieur du bas de la bordure, des bouclettes composées de 2 mailles chaînettes, 1 picot, 1 maille chaînette, 1 picot, 4 mailles chaînettes, 1 picot, 1 maille chaînette, 1 picot, 2 mailles chaînettes. Autour de cette dernière partie, on ajoute un tour pour terminer la frange; on pique le crochet dans chaque ouverture des bouclettes et on fait 5 mailles chaînettes, puis *neuf fois* 1 picot, 2 mailles chaînettes, et on réunit la dernière maille chaînette à la dernière des cinq premières mailles; on fait 5 mailles chaînettes, on pique dans la bouclette suivante et on recommence le même travail. On peut faire ces dernières bouclettes ou pendeloques beaucoup plus longues en augmentant le nombre des picots.

Nº 2. — ROSACE POUR AGRAFE.

Cette rosace se compose d'un anneau au centre, entouré de huit anneaux plus petits. Pour les former, on entoure de petits moules ronds, de mailles doubles, crochet feston. On réunit ces anneaux les uns aux autres, d'après la disposition du modèle. On encadre ensuite la rosace entière, c'est-à-dire le contour extérieur des petits anneaux, d'un tour de festons composés de sept mailles chaînettes. On exécute les points à jours, au centre de chaque anneau, en fine soie d'Alger mi-torse. Pour former une agrafe de manteau, on reproduit deux fois la rosace, on y ajoute une olive en passementerie et une bouclette en ganse torsade de soie noire, pour la fermer.

Nº 3. — AGRAFE.

Montez 12 mailles chaînettes et formez-en un rond ; formez, dans l'ouverture de ce rond, 20 mailles doubles, faites une chaînette de 23 mailles, et réunissez la dernière de ces mailles à la quatrième ; dans l'ouverture ainsi formée, faites 32 mailles doubles ; ensuite, 3 mailles chaînettes. Répétez depuis le commencement jusqu'à ce que vous ayez formé trois grandes bouclettes et quatre petites ; 1 maille simple dans la sixième maille de la petite bouclette, * 5 mailles chaînettes, passez 2 mailles, 1 maille simple dans la troisième, répétez depuis * deux fois ; 1 maille simple dans la sixième maille de la grande bouclette,

5 mailles chaînettes, passez 2 mailles, 1 maille simple dans la troisième ; répétez cela six fois ; continuez de la même manière pour toutes les bouclettes. Faites ensuite 2 mailles doubles dans les premières 5 mailles chaînettes de la petite bouclette, 2 mailles doubles dans les 5 mailles chaînettes suivantes, 3 mailles chaînettes, 2 mailles doubles dans la même ouverture, 2 mailles doubles dans les 5 mailles chaînettes suivantes, 2 mailles doubles dans les premières 5 mailles chaînettes de la grande bouclette, * 2 mailles doubles dans les suivantes, 3 mailles chaînettes, 2 mailles doubles dans la même ouverture ; répétez deux fois depuis * ; continuez de la même manière pour toutes les bouclettes. Exécutez, au centre, une maille double dans chacune des 3 mailles chaînettes entre les bouclettes, réunissez les festons et brodez au milieu *une roue* (points à jours) avec du fil d'Irlande.

N° 4. — GARNITURE.

Montez 12 mailles chaînettes et formez-en un rond ; * faites 24 mailles doubles dans l'ouverture du rond ; faites 17 mailles chaînettes et réunissez la dernière à la sixième ; répétez depuis * jusqu'à ce que vous ayez obtenu la longueur voulue.

2e *tour*. 1 maille simple, en piquant le crochet dans la maille entière (6e maille double) ; 5 mailles chaînettes, passez 2 mailles, 1 maille simple dans la troisième ; 7 mailles chaînettes, passez 3 mailles, 1 maille simple dans la quatrième ; 5 mailles chaînettes, passez 2 mailles, 1 maille simple dans la troisième; répétez depuis le commencement du tour.

5e *tour*. Dans chaque ouverture de 5 mailles chaînettes, 7 mailles doubles, et 9 mailles doubles dans les ouvertures de 7 mailles chaînettes.

On peut ajouter des points à jours dans les espaces qui restent vides.

N° 5. — ENTRE-DEUX.

Montez 11 mailles chaînettes et formez-en un rond, ' faites, dans l'ouverture de ce rond, 19 mailles doubles, 14 mailles chaînettes, réunissez la dernière à la quatrième; dans cette ouverture, 4 mailles doubles, réunissez-la à la première par 1 maille simple dans la 5e maille; 15 mailles doubles dans l'ouverture; 14 mailles chaînettes, réunissez la dernière à la quatrième; 15 mailles doubles dans l'ouverture, réunissez-la à la seconde par 1 maille simple dans la 15e maille; 4 mailles doubles dans l'ouverture; répétez ces deux derniers ronds alternativement jusqu'à ce que vous ayez obtenu la longueur voulue. Pour le petit encadrement de l'entre-deux, faites 1 maille simple dans la 11e maille de chaque ouverture, avec 5 mailles chaînettes entre chaque, des deux côtés.

TROISIÈME PARTIE.

OBJETS D'AMEUBLEMENT.

ÉTOILES ET ROSACES DÉTACHÉES

POUR FORMER DES VOILES DE FAUTEUIL, DESSUS DE LIT, ETC.

Le genre de crochet le plus à la mode pour les objets ci-dessus indiqués, se compose d'étoiles ou de rosaces exécutées sépa-
rément et réunies ensuite par de petites chaînettes, des carrés
au crochet mat, ou seulement par des motifs du même genre, en
plus petit.

Nous donnons 5 modèles d'étoiles; la première est d'un dessin très-riche mais d'un travail assez compliqué, les deux autres
sont très-simples; puis 5 modèles de rosaces représentant des

fleurs, la première une rose, la seconde une marguerite des prés et la troisième un narcisse.

On emploie pour les voiles de fauteuil ou les courtes-pointes, du coton C. B. n° 15, 20 ou 30 suivant la finesse qu'on veut leur donner, et des crochets en acier assortis.

ÉTOILE N° 1.

On commence par l'étoile du centre, et dans le premier tour on exécute, en même temps, le petit anneau du milieu et les quatre branches de la croix.

Faites une chaînette de dix-sept mailles, piquez dans l'avant-dernière de ces mailles et formez une barrette, faites encore treize barrettes, vos deux premières mailles chaînettes resteront libres ; faites encore deux mailles chaînettes pour l'anneau, puis quinze pour la seconde branche et revenez sur ces dernières mailles en formant quatorze barrettes ; faites encore 2 mailles chaînettes, ensuite la troisième branche comme les deux premières, encore 2 mailles chaînettes, enfin la quatrième et dernière branche, et terminez votre premier tour en réunissant le pied de cette dernière branche à la première maille chaînette de l'anneau, de manière à fermer celui-ci.

2ᵉ *tour.* Au centre de la chaînette, entre deux branches de la croix, formez une maille simple, puis 6 mailles chaînettes, puis encore 4 mailles chaînettes, piquez le crochet dans la première de ces quatre mailles et faites une maille simple, cela forme un *picot* ; encore 2 mailles chaînettes, puis encore un picot ; 6 mailles chaînettes, piquez le crochet dans la pointe supérieure de la branche la plus proche et faites une maille simple; 6 mailles chaînettes, 1 picot, 2 mailles chaînettes, 1 picot, 2 mailles chaînettes, une barrette double dans le centre de la chaînette, entre deux branches de la croix; vous avez entouré une de ces branches; continuez de la même manière, jusqu'à ce que vous les

ayez entourées toutes les quatre; pour fermer le tour, réunissez la dernière maille chaînette à la quatrième maille du commencement du tour, les trois premières tiennent la place d'une barrette.

3e *tour*. Faites quatre mailles chaînettes pour une barrette double, puis encore 10 mailles chaînettes, piquez le crochet dans la maille simple, à la pointe la plus proche et faites, dans cette maille, 3 mailles simples; ensuite 10 mailles chaînettes,

1 barrette double ; continuez de la même manière autour de chaque branche de la croix ; pour fermer le tour, réunissez la dernière maille chaînette à la 4e maille du commencement.

4e tour. 1 maille double dans chaque maille jusqu'à la pointe de la branche, où vous en ferez trois dans une seule, pour augmenter ; mailles doubles encore jusqu'au point au-dessus de la barrette double du tour précédent ; à cet endroit, après avoir fait une maille double, faites une petite bouclette avec picots, comme il suit : 2 mailles chaînettes, 1 picot, 2 mailles chaînettes, 1 picot, 4 mailles chaînettes, 1 picot, 2 mailles chaînettes, 1 picot, 2 mailles chaînettes ; fermez la bouclette en piquant le crochet dans la même maille double où vous avez commencé. Continuez ainsi, en faisant des mailles doubles sur toutes les mailles chaînettes, augmentez à chaque pointe en mettant trois mailles dans une seule, et, au-dessus de chaque barrette double du tour précédent, formez une bouclette à picots, ainsi qu'il a été expliqué. Vous finirez par conséquent le tour par une de ces bouclettes ; en fermant cette dernière bouclette, réunissez la dernière maille double du tour à la première.

5e tour. Remontez le long d'un des côtés de la dernière bouclette du tour précédent, en mailles simples pour arriver jusqu'à sa pointe supérieure, faites ensuite : * 4 mailles chaînettes, 1 picot, 5 mailles chaînettes, 1 picot, 4 mailles chaînettes, 5 mailles doubles dans la maille de la pointe supérieure de la branche la plus proche ; 4 mailles chaînettes, 1 picot, 5 mailles chaînettes, 1 picot, 4 mailles chaînettes, 1 maille simple dans

la pointe supérieure de la bouclette à picots du tour précédent,
la plus proche. Répétez trois fois depuis *.

6e *tour*. Une maille double dans chaque maille du tour précédent.

7e *tour*. Crochet à *jours*. Chaque jour se compose de 1 barrette et une maille chaînette sous laquelle on passe une maille.

8e *tour*. Semblable au 6e.

Après ce dernier tour il ne reste plus qu'à former la garniture de *dents* qui entoure le rond. Cette garniture se fait entièrement dans un seul tour, ainsi que nous allons l'expliquer.

Les dents se font alternativement mates et à jours ; pour la
dent mate, faites une maille simple dans la première maille du
tour, puis 2 mailles chaînettes ; cela est égal à une barrette,
faites 1 picot au-dessus de cette barrette ; puis 5 barrettes dans
les mailles suivantes ; revenez sur ces barrettes, faites 1 maille
simple sur la dernière, 4 barrettes sur les précédentes, puis
1 picot sur la dernière de ces quatre barrettes que vous venez
de faire ; retournez encore une fois l'ouvrage, piquez votre
crochet dans l'avant-dernière barrette du tour précédent, faites
1 barrette, 1 picot, puis une seconde barrette dans la barrette
suivante ; ensuite, *redescendez* le long de la dent mate, faites
1 maille simple, 1 picot, au coin du second tour de barrettes,
1 maille simple, 1 picot, au coin du premier tour de barrettes,
1 maille simple ; la dent mate se trouve ainsi terminée ; faites
1 maille simple dans la maille la plus proche du tour de mailles
doubles et puis exécutez la dent à jours, de la manière suivante :
5 mailles chaînettes sous lesquelles passez 5 mailles du tour

précédent, 1 barrette double dans la quatrième maille, puis encore 5 mailles chaînettes en passant 3 mailles et 1 maille simple dans la quatrième ; revenez sur toutes ces mailles que vous venez de faire, en mailles doubles, puis revenez encore et travaillez sur ces mailles doubles en faisant alternativement, 1 maille simple, 1 picot ; terminez par une maille simple. Répétez ensuite la dent mate expliquée plus haut. Continuez à alterner les dents mates et les dents à jours en faisant une maille simple entre chacune d'elles. Il en faut huit de chaque sorte pour compléter la garniture de l'étoile.

ÉTOILE N° 2.

Montez 5 mailles chaînettes et réunissez-les en un rond ; dans l'ouverture de ce rond, faites 4 doubles barrettes séparées chacune par sept mailles chaînettes. La première de ces barrettes doit se composer de quatre mailles chaînettes. Ensuite recouvrez les chaînettes qui se trouvent entre les barrettes au crochet feston très-serré.

Au tour suivant, faites 1 chaînette de 6 mailles, revenez sur cette chaînette en faisant 1 maille simple, 1 maille double, 1 demi-barrette et 5 barrettes ordinaires, cela forme une dent mate ; faites ensuite 4 mailles chaînettes, 1 picot, 1 maille chaînette, 1 picot, 4 mailles chaînettes, ensuite passez la maille de crochet feston qui suit immédiatement celle où vous avez arrêté la dernière barrette de la dent mate, piquez le crochet dans la maille de crochet feston suivante et arrêtez par une maille simple la bouclette à picots que vous venez de faire. Recommencez par la dent mate et continuez de même jusqu'à la fin du tour; il faut en tout huit dents mates et huit bouclettes.

Faites ensuite 12 mailles chaînettes entre chaque dent, 1 maille simple à la pointe de chaque dent et de chaque bouclette, puis 1 tour de mailles doubles. Dans ce dernier tour formez au-dessus de chaque feston 5 picots, en laissant vides 2 mailles de chaque côté de ces festons. Ce tour termine l'étoile.

ÉTOILE Nº 5.

Montez 4 mailles chaînettes et réunissez-les en un rond : dans l'ouverture de ce rond, faites 8 barrettes et entre chaque barrette 1 maille chaînette, 1 picot et encore 1 maille chaînette. Au tour suivant, faites 1 barrette au-dessus de chaque barrette du tour précédent et 8 mailles chaînettes entre chaque barrette, puis 1 tour de mailles doubles. Formez ensuite les dents du bord ; chaque dent se compose de 6 mailles chaînettes, 1 barrette double, 6 mailles chaînettes; de chaque côté de la barrette double on passe 3 mailles du tour précédent ; on passe 2 mailles entre chaque dent; il faut en tout huit dents dans le tour. Pour terminer, on fait 1 tour de mailles doubles et sur ces mailles doubles, 5 picots, en laissant vides 3 mailles de chaque côté de la dent.

ROSACE N° 1. — LA ROSE.

1er *tour.* 5 mailles chaînettes ; réunissez la première à la dernière, de manière à former un rond.

2e *tour.* 5 mailles chaînettes, 1 maille double. Répétez.

3e *tour.* Dans chacun des cinq jours du tour précédent, faites 10 barrettes, dont les deux du milieu doubles, afin de former la dent.

4e *tour.* 7 mailles chaînettes, piquez le crochet derrière la première dent, 1 maille simple, 7 mailles chaînettes, 1 maille simple derrière la dent suivante, et ainsi de même tout autour.

5e *tour.* Dans chacun des jours du tour précédent, 14 barrettes, dont les deux du milieu doubles.

6e *tour.* 9 mailles chaînettes, 1 maille simple derrière la deuxième dent. Répétez.

7e *tour.* 18 barrettes dans chaque jour du tour précédent ; les trois du milieu doivent être doubles.

8e *tour.* 11 mailles chaînettes, 1 maille simple derrière la troisième dent. Répétez.

9e *tour.* 22 barrettes, dont les quatre du milieu doubles, dans chaque jour du tour précédent.

La rose se trouve ainsi terminée ; pour l'entourage, faites trois tours de crochet à jours. Chaque jour se compose de 1 barrette, 5 mailles chaînettes, sous lesquelles on passe trois mailles du tour précédent.

ROSACE N° 2. — LA MARGUERITE.

Montez 15 mailles chaînettes et réunissez-les en rond. Faites 10 mailles chaînettes, revenez sur ces mailles, passez la dernière, faites 1 maille simple, 1 maille double, 1 demi-barrette, puis 6 barrettes ; vous aurez ainsi recouvert la chaînette de 10 mailles et formé le premier pétale de la fleur ; attachez le bout de la dernière barrette par 1 maille simple dans la troisième maille du rond et commencez un second pétale semblable au premier ; continuez de la même manière jusqu'à ce que vous ayez formé huit pétales autour du rond. Faites ensuite un second tour de pétales semblables à ceux-ci. Ces pétales se font en piquant par derrière dans les mailles du rond, on place un pétale en dessous, entre chacun de ceux du premier tour. On obtient ainsi en tout seize pétales, et la marguerite est terminée. On arrête et on coupe le fil. On place quelquefois un bouton jaune au centre de la marguerite pour en imiter le cœur.

Pour l'entourage, on fait 1 barrette en piquant le crochet dans la pointe de chaque pétale, et 5 mailles chaînettes entre chacune de ces barrettes.

2ᵉ *tour*. 1 maille double sur chaque barrette du tour précédent, et 7 mailles chaînettes entre chaque maille double.

3ᵉ *tour*. 1 maille double dans la maille du milieu de chaque feston de 7 mailles chaînettes du tour précédent, 7 mailles chaînettes entre chaque maille double.

4e *tour*. Sur chaque feston de 7 mailles chaînettes faites :
1 maille double sur la maille double, 5 mailles chaînettes,
5 barrettes dans la maille du milieu des 7 mailles chaînettes,
5 mailles chaînettes, puis 1 maille double dans la maille double
suivante, et ainsi de suite jusqu'à la fin du tour.

ROSACE N° 5. — LE NARCISSE.

Montez 6 mailles chaînettes et réunissez-les en rond. Faites
12 mailles chaînettes, passez la dernière, revenez sur les autres
en mailles simples. Revenez sur ces mailles simples, faites
1 maille double, 1 demi-barrette, 9 barrettes; puis dans la
maille qui se trouve à la pointe de la nervure, 5 barrettes, redescendez de l'autre côté de la nervure, sur la chaînette, faites
9 barrettes, 1 demi-barrette, 1 maille double, piquez le crochet
dans la chaînette du rond, sous le pétale que vous venez de former, pour le fixer; puis commencez-en un second semblable;
faites ainsi trois pétales en les plaçant en forme de feuille de
trèfle. Ensuite, formez trois autres pétales semblables dans les
intervalles du premier en piquant, pour la première maille,
dans la partie de derrière de la chaînette du rond; ce second
tour de pétales doit se trouver sous le premier, de manière que
les pétales de dessous paraissent entre ceux du dessus. On affer-
mit l'ensemble de la fleur en exécutant à l'aiguille au point de
chaînette un tour au bord du rond du milieu. Si, au lieu de ce
tour en coton blanc, on en fait deux, le premier en soie pon-

ceau, le second en soie jaune, l'effet du travail est beaucoup plus naturel et plus joli. Il est facile de défaire ces points lorsqu'on veut faire blanchir l'ouvrage.

Pour l'entourage, faites 1 maille double dans la pointe de chaque pétale et 17 mailles chaînettes entre chaque maille double.

2e *tour*. Faites toujours 2 mailles doubles, 7 mailles chaînettes, en passant 3 mailles du tour précédent sous les mailles chaînettes.

5e *tour*. Semblable au dernier tour de l'entourage de la marguerite.

De la manière d'assembler les étoiles ou rosaces pour former des voiles de fauteuil, courtes-pointes, etc.

Pour former un voile de fauteuil, dessus de coussin ou de tabouret de piano rond avec des étoiles ou rosaces, on procède de la manière suivante : On place une des étoiles au centre, on arrange les autres étoiles tout autour sur un, deux ou trois rangs ; l'ouvrage étant ainsi disposé sur une surface plane, on réunit les étoiles ou rosaces par un point de couture aux endroits où elles se touchent naturellement. On ajoute ensuite, dans les intervalles qui restent vides, de très-petites étoiles ou des ronds. On exécute ensuite une bordure tout autour.

Nous ajoutons l'explication d'une bordure destinée à entourer des voiles de fauteuil formés par les rosaces représentant des narcisses, et que l'on pourra facilement adapter aux autres rosaces et étoiles dont nous avons donné l'explication.

Pour assembler les rosaces à narcisses, on en choisit d'abord une pour le milieu : à l'entourage de celle-ci, on ajoute deux tours semblables au dernier, seulement on fait les barrettes doubles, et on augmente le nombre des mailles chaînettes, on en fait quatre dans le premier tour ajouté et cinq dans le second, au lieu de trois, de chaque côté du groupe de trois barrettes. (Cette explication servira également pour les rosaces à marguerites.) Autour de cette rosace du milieu qui doit avoir vingt et un festons, on dispose sept rosaces semblables à celles

que nous avons décrites, on attache deux festons de chaque rosace du tour à deux festons de la rosace du milieu, on laisse un
feston vide entre chaque rosace. On réunit les étoiles du tour
entre elles, sur deux festons de chaque côté à l'endroit où elles
se touchent naturellement.

On prépare ensuite sept anneaux formés par une chaînette
de 10 à 12 mailles recouverte au crochet-feston. On attache
un de ces anneaux à chaque feston resté vide de l'étoile du milieu, et au feston libre le plus proche de la rosace du tour de
droite et de gauche, de manière à garnir l'intervalle.

Ensuite, pour la bordure, faites autour du bord extérieur du
voile de fauteuil composé de rosaces, 1 barrette dans chaque
feston de la moitié inférieure des rosaces et 8 mailles chaînettes entre chaque barrette.

Faites ensuite un tour de crochet à jours ordinaire, mais à
chaque endroit où deux rosaces se réunissent, diminuez en passant 5 mailles au lieu d'une sous la maille chaînette.

Au tour suivant, faites les jours beaucoup plus grands en
formant 6 mailles chaînettes entre chaque barrette, passez le
même nombre de mailles du tour précédent sous ces mailles
chaînettes. Au-dessus de la diminution du tour précédent ne
faites qu'une maille chaînette entre les 2 barrettes, tout en
passant également 6 mailles du tour précédent. Puis terminez
par deux tours de crochet à jours semblables au second.

Pour la frange, coupez des brins de coton de 20 centimètres
de longueur, réunissez-les trois par trois, piquez le crochet dans
une maille, placez les trois brins sur le crochet, attirez-les par

le milieu à travers la maille, passez le crochet sous les six brins
de fil et attirez-les tous à travers la boucle qui se trouve sur le
crochet. Répétez le même procédé pour chaque maille en omettant seulement celles qui se trouvent aux endroits des diminutions. Une frange de ce genre est plus jolie et beaucoup plus
vite faite que celles nouées avec les doigts. Il faut avoir soin de
l'exécuter à l'envers de l'ouvrage. Pour couper les brins de la
frange bien régulièrement, on coupe un morceau de carton de
10 centimètres de hauteur, on enroule le fil autour, bien uni-
ment, puis on coupe tous les bouts le long d'un des bords du
carton et les brins se trouvent tout prêts à être employés.

Pour les courtes-pointes ou autres objets carrés ou carrés-
longs, on dispose les étoiles ou rosaces par rangées, on les assujettit les unes aux autres, puis on place dans les intervalles de
petites étoiles ou anneaux. On ajoute une bordure tout autour,
soit exécutée à même de l'ouvrage, soit rapportée ; il faut toujours avoir soin d'augmenter considérablement pour bien tourner les coins.

On fait souvent aussi des courtes-pointes, ainsi que des voiles
de fauteuil et autres objets, avec des carrés réunis à des étoiles ou rosaces. Dans ce cas on commence, pour assembler l'ouvrage, par composer un dessin de damier avec les carrés, on
place ensuite les étoiles dans les intervalles des carrés et on les
assujettit les uns aux autres. Les carrés ainsi réunis aux étoiles

sont ordinairement faits au crochet mat. On compose aussi des courtes-pointes avec des carrés seulement, alternativement mats et clairs ou à jours; en ce cas on assemble les carrés par un point de surjet tout autour. On trouvera un peu plus loin, dans l'explication d'une courte-pointe, deux modèles de carrés à jours et nous ajoutons ici l'explication d'un carré mat. Il sera facile de le faire plus ou moins grand, suivant les dimensions des étoiles, rosaces, ou carrés à jours auxquels on veut le réunir.

CARRÉ MAT IMITANT LE PIQUÉ.

Montez 4 mailles et formez en un rond, faites 1 maille chaînette, puis 2 mailles doubles dans chaque maille chaînette; fermez le rond en attachant la dernière maille à la première maille chaînette du tour. Formez le carré au tour suivant en faisant 2 mailles dans une seule quatre fois, avec une maille unie entre chaque augmentation.

Faites toujours les augmentations les unes au-dessus des autres, de manière à former le carré bien régulièrement. Au cinquième tour commencez à former un dessin en relief semblable à celui expliqué dans la bavette à manches, page 53. Placez-les à distances régulières, faites deux tours unis entre chaque dessin, ces dessins doivent être *contrariés* dans les tours suivants, on en fait deux rangées, ou trois selon la grandeur que l'on veut donner au carré, on termine par deux tours unis.

12

VOILE DE FAUTEUIL.

COMPOSÉ DE ROSACES GRANDES ET PETITES.

Coton C. B. nᵒ 20. Crochet en acier, nᵒ 6.

Pour chaque grande rosace. Montez 12 mailles et formez-en un rond.

1ᵉʳ *tour.* 40 mailles doubles, crochet feston, dans l'ouver-verture du rond.

2ᵉ *tour.* 3 mailles doubles, 9 mailles chaînettes, passez 2 mailles et répétez.

3ᵉ *tour.* 1 maille double dans celle du milieu des 3 du tour précédent, 13 mailles doubles dans l'ouverture des 9 mailles chaînettes crochet feston. Répétez.

4ᵉ *tour.* 6 mailles doubles, en commençant sur la première des 13 mailles doubles du tour précédent, * 1 maille double dans la septième, 9 mailles chaînettes. Répétez depuis *.

5ᵉ *tour.* 5 mailles chaînettes, passez 1 maille, 1 barrette dans la 2ᵉ des 9 mailles chaînettes du tour précédent ; * 2 mailles chaînettes, passez 1 maille, 1 barrette dans la suivante. Répétez depuis *.

6ᵉ *tour.* 1 maille double dans chaque maille.

7ᵉ *tour.* 4 mailles doubles, 5 mailles chaînettes, passez 2 mailles. Répétez.

8ᵉ *tour.* 1 maille double dans la seconde et dans la troisième des 4 du dernier tour, 7 mailles doubles dans l'ouverture des 5 mailles chaînettes crochet feston. Répétez.

Ce tour termine la grande rosace. Pour chaque petite rosace, montez 12 mailles et formez-en un rond.

1er *tour.* 40 mailles doubles, crochet feston, dans l'ouverture du rond.

2e *tour.* 3 mailles doubles, 5 mailles chaînettes, passez 2 mailles. Répétez.

3e *tour.* 1 maille double dans celle du milieu des 5 du tour précédent, 8 mailles doubles dans l'ouverture des 5 mailles chaînettes crochet feston. Répétez.

Ce dernier tour termine la petite rosace. Réunissez les grandes rosaces par bandes de manière à former un carré long de 8 rosaces en largeur et 12 en hauteur, puis attachez les petites étoiles dans les vides qui restent entre les grandes.

Ce voile de fauteuil n'a pas besoin de garniture. On peut l'orner davantage en exécutant des points à jours au centre des rosaces.

VOILE DE FAUTEUIL

COMPOSÉ D'ÉTOILES ET DE CARRÉS MATS.

Coton C. B., n° 50. Crochet en acier, n° 6.

Cet ouvrage se compose de carrés mats et d'étoiles rattachés ensemble par des chaînettes à picots; il est entouré d'une petite garniture à jours.

Pour le premier carreau mat, montez 15 mailles et faites un tour de mailles doubles, puis un tour de barrettes pleines ; au troisième tour, faites dans la maille du milieu du tour précédent 4 barrettes, pour former le pois en relief, puis continuez toujours en barrettes pleines. Au quatrième tour, faites un pois de 4 barrettes dans la troisième maille du tour précédent, et un autre pois semblable dans la troisième après le pois du milieu ; derrière ce pois du milieu, faites 1 maille chaînette, afin de ne pas perdre une maille du tour. Au cinquième tour, faites 1 maille chaînette derrière les pois du tour précédent, et formez un nouveau pois au milieu de celui que vous avez fait au troisième tour. Faites encore un tour de barrettes pleines, en n'oubliant pas 1 maille chaînette derrière le pois. Le premier carreau est terminé, formez ensuite une petite chaînette pour le réunir au carreau suivant, sans couper le fil, ainsi qu'il suit : 1 picot, 2 mailles chaînettes, 1 picot, 2 mailles chaînettes, 1 picot ; puis montez 15 mailles pour commencer un nouveau carreau. On exécute de cette manière quatre carreaux tout pareils, séparés par une chaînette à picots ; on réunit le dernier picot à la première maille du premier carreau, on a obtenu ainsi un carreau régulier, vide au centre ; dans ce vide, on place une étoile à six branches, les deux branches du haut au bas du carreau supérieur, une branche de chaque côté au carreau de droite et de gauche, et les deux branches inférieures sur le carreau d'en bas. On répète la même disposition jusqu'à ce qu'on ait un nombre suffisant de carrés pour former un voile de fauteuil ou autre objet.

Pour former chacune des petites étoiles, montez 10 mailles chaînettes et réunissez-les en un rond. * Faites 5 mailles doubles en piquant le crochet dans l'ouverture du rond, comme dans le crochet feston ; au-dessus de la troisième maille double

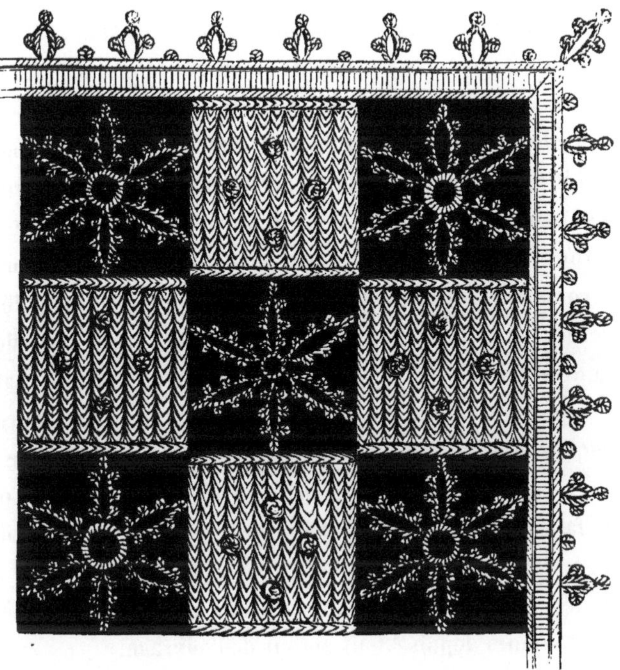

que vous venez de faire, formez une des branches de l'étoile : cette branche se compose de 7 picots séparés par 1 maille chaînette. Répétez 6 fois depuis * et votre étoile sera terminée.

Pour la garniture, commencez sur la première maille (à droite)

du premier carreau mat, faites 1 maille double dans chaque
maille du premier tour, et formez, en même temps, un picot
sur la première, la septième et la treizième de ces mailles doubles ; puis faites une chaînette composée de : 1 maille chaînette,
1 picot, 1 maille chaînette, 1 picot, 4 mailles chaînettes, 1 picot,
1 maille chaînette, 1 picot, 1 maille chaînette. Ensuite, recommencez sur le second carreau mat comme sur le premier. Entre
chaque carreau mat, formez la chaînette expliquée ci-dessus ;
mais, à chaque coin de l'ouvrage, il faut augmenter la chaî
nette et la faire trois fois aussi longue, c'est-à-dire répéter trois
fois les instructions données pour la première. On encadre ensuite tout l'ouvrage d'une petite garniture très-mignonne.
Voici comment elle s'exécute : 1 maille double, * 4 mailles
chaînettes, dans cette quatrième maille formez un petit trèfle,
c'est-à-dire, faites 2 mailles chaînettes ; 1 picot, 1 maille chaî
nette, 1 picot, 1 maille chaînette, 1 picot, 2 mailles chaînettes,
et repiquez le crochet dans la quatrtème maille, de manière à
fermer la petite bouclette à picots qui simule une feuille de
trèfle ; faites encore 5 mailles chaînettes, passez 2 mailles chaînettes, 1 picot et encore 2 mailles chaînettes du tour précédent,
puis faites 1 maille double dans la maille suivante et recommencez toujours depuis * tout autour de l'ouvrage. •

COURTE-POINTE

COMPOSÉE DE CARRÉS A JOURS.

Coton C. B. n° 15. Crochet en acier, n° 8.

PREMIER CARRÉ.

Montez 15 mailles et formez-en un rond.

1er *tour*. 24 mailles doubles crochet feston, dans l'ouverture du rond.

2e *tour*. 1 barrette, 6 mailles chaînettes, passez 2 mailles; répétez.

3e *tour*. Dans chaque ouverture du tour précédent, faites 2 mailles doubles, 5 barrettes, puis encore 2 mailles doubles.

4e *tour*. 1 maille double dans la troisième des 5 barrettes du tour précédent, 11 mailles chaînettes, 1 maille double au centre des 5 barrettes suivantes, 8 mailles chaînettes; répétez.

5e *tour*. 1 maille double dans chaque maille, et 3 dans la sixième des 11 mailles chaînettes à chaque coin.

6e *tour*. 2 barrettes, séparées par 1 maille chaînette, dans la deuxième des 3 mailles doubles à chaque coin, 1 maille chaînette, * 1 barrette dans la maille suivante, 1 maille chaînette, passez 1 maille, répétez depuis * jusqu'au coin suivant qui se fait comme le dernier.

7e *tour*. 3 mailles doubles dans la maille chaînette entre les 2 barrettes des coins, et 1 maille double dans chaque maille.

8ᵉ tour. 1 barrette au centre des 5 mailles doubles du coin, 5 mailles chaînettes, * 5 mailles doubles, 5 mailles chaînettes, passez 2 mailles; 1 barrette dans la suivante, 5 mailles chaînettes, passez 2 mailles; répétez depuis * jusqu'au coin, qui se fait semblable au dernier.

9ᵉ tour. 1 maille double sur la barrette du coin, 5 mailles chaînettes, * 5 barrettes sur les 5 mailles doubles, 5 mailles chaînettes, 1 maille double sur la barrette, 5 mailles chaînettes; répétez depuis * jusqu'au coin qui se fait semblable au dernier.

10ᵉ tour. 1 maille double sur celle du coin, 7 mailles chaînettes, * 5 mailles doubles sur 5 barrettes, 5 mailles chaînettes, 1 barrette sur la maille double, 5 mailles chaînettes; répétez depuis *.

11ᵉ tour. 1 barrette dans la quatrième des 7 mailles chaînettes, 7 mailles chaînettes, 1 barrette sur 1 barrette du tour précédent; répétez jusqu'au coin, où vous ferez 11 mailles chaînettes.

12ᵉ tour. Comme le 9ᵉ tour du 2ᵉ carré.

13ᵉ tour. Comme le 10ᵉ.

14ᵉ tour. Comme le 11ᵉ. Ce tour complète le premier carré.

SECOND CARRÉ.

Montez 15 mailles et réunissez la dernière à la sixième de manière à former un rond; dans l'ouverture du rond, faites 1 maille double, * 1 barrette, 5 barrettes doubles, 1 barrette, 1 maille double; répétez 2 fois depuis *; passez 1 maille de la chaînette, 4 mailles doubles; répétez 5 fois depuis le commencement; réunissez la première tige à la dernière par 1 maille simple.

1ᵉʳ *tour.* 5 mailles doubles dans la deuxième barrette double, à la pointe de la première feuille, 6 mailles doubles; 5 mailles chaînettes, 6 mailles doubles, en commençant sur la deuxième des 5 barrettes doubles dans la feuille suivante; répétez depuis le commencement du tour.

2ᵉ *tour.* 1 barrette dans la deuxième des 5 mailles doubles, à la pointe; 1 maille chaînette, encore 1 barrette dans la même maille; 1 maille chaînette, une 5ᵉ barrette dans la même maille, * 1 maille chaînette, passez 1 maille, 1 barrette dans la suivante; répétez depuis * jusqu'au coin suivant, qui se fait comme le dernier.

5ᵉ *tour.* 1 maille double dans chaque maille; à chaque coin, 5 mailles dans une seule.

4ᵉ *tour.* 1 maille double, 4 mailles chaînettes, passez 5 mailles; répétez. A chaque coin, passez 1 maille seulement, au lieu de deux.

5ᵉ *tour.* 5 mailles doubles dans chaque ouverture de 4 mailles chaînettes; à chaque coin, 7 mailles.

6ᵉ *tour.* 1 maille double dans la deuxième des 7 du tour précédent, 7 mailles chaînettes, passez 5 mailles, 1 maille double, 5 mailles chaînettes, passez 5 mailles, * 1 maille double, 5 mailles chaînettes, passez 4 mailles; répétez depuis * jusqu'au coin, qui se fait comme le dernier.

7ᵉ *tour.* Dans l'ouverture des 7 mailles chaînettes, faites 1 maille double, 7 barrettes, 1 maille double, et dans l'ouverture des 5 mailles chaînettes, 1 maille double, 5 barrettes et 1 maille double.

8e *tour*. 1 barrette dans la quatrième des 7 barrettes du tour précédent, 5 mailles chaînettes, 1 barrette dans la même maille, 10 mailles chaînettes, * passez 1 feston et faites 1 barrette dans la deuxième des 5 barrettes ; 8 mailles chaînettes ; répétez une fois depuis * ; 10 mailles chaînettes ; répétez depuis le commencement du tour.

9e *tour*. 1 maille double dans chaque maille, et 5 mailles dans la troisième des 5 mailles chaînettes à chaque coin.

10e *tour*. 1 barrette au centre des 5 mailles doubles dans le dernier tour, 5 mailles chaînettes, 1 barrette dans la même maille, passez 1 maille, * 1 barrette dans la maille suivante, 5 mailles chaînettes, encore 1 barrette dans la même maille, passez 5 mailles, et répétez depuis * jusqu'au coin, qui se fait comme le dernier.

11e *tour*. 7 mailles doubles dans l'ouverture des 5 mailles chaînettes et 5 mailles doubles dans l'ouverture de 5 mailles chaînettes du tour précédent ; répétez depuis le commencement du tour.

COURTES-POINTES

FORMÉES PAR BANDES OU CARRÉS AU CROCHET TUNISIEN.

Laine de Saxe dix fils. Crochet en buis à boule, n^s 34 à 38.

Le crochet tunisien est convenable surtout pour courtes-pointes. On les exécute généralement par bandes en laine de

Saxe dix fils. On monte 14 à 18 mailles pour la largeur de chaque bande, on les alterne souvent de deux couleurs soit bleu et blanc, rouge et noir, violet et maïs, etc. Si l'on préfère le crochet tunisien ordinaire, on brodera par-dessus, en laine noire, maïs ou d'une autre nuance formant un bon contraste avec le fond, quelque motif simple soit au point croisé de tapisserie, soit au point lancé. Mais on peut aussi faire de très-jolies courtes-pointes avec les points de fantaisie indiqués dans la première partie de ce manuel, entre autres le point imitant la tapisserie, le crochet perles, le crochet ananas, le point jeté et le point impérial. Ce genre de travail est également bien adapté aux couvertures de berceau et dessus de coussin. Pour ces derniers objets, on prend plutôt de la laine cinq fils, on réunit les bandes par un point de surjet et on les entoure d'une dentelle en laine assortie.

Les bandes des courtes-pointes se rattachent souvent par un point d'arêtes exécuté à l'aiguille en laine noire ou jaune, à l'endroit. Au lieu de bandes, on peut exécuter le crochet tunisien par carrés et en faire des couvertures ou coussins avec dispositions à damier. On les réunit de la même manière que les bandes. Les courtes-pointes peuvent se dispenser de bordure : on leur en met cependant quelquefois et nous donnons, à la fin du volume, plusieurs dentelles et garnitures qui conviendront parfaitement à cet usage.

On fait 150 tours de crochet bouclé (n° 5) expliqué dans la première partie de ce manuel.

Ce point imite la fourrure et produit un très-joli effet pour tapis. On s'en sert aussi pour bordure seulement autour d'un fond au crochet tunisien ordinaire.

Le point imitant l'hermine (n° 7) produit aussi de fort jolis tapis.

DESSUS DE GUÉRIDON.

Laine de Saxe, cinq fils, de 6 nuances de rouge ponceau; même laine de 9 nuances de gris. Crochet en ivoire, n° 18.

Montez 7 mailles et formez-en un rond.

1er *tour.* 2 mailles doubles dans chaque maille de la chaînette.

2e *tour.* Mailles doubles sans augmenter.

3e *tour.* 2 mailles doubles dans chaque maille.

4e *tour.* Mailles doubles sans augmenter.

5e *tour.* Mailles doubles, augmentez dans toutes les 2 mailles; cela fera 42 mailles en tout.

6e *tour.* 2 barrettes, passez 1 maille du tour précédent, 2 mailles chaînettes. Répétez.

Ces 6 tours se font avec la nuance de gris la plus foncée.

7e *tour.* 2e nuance de gris; 3 barrettes, 2 mailles chaînettes; répétez. La première des 3 barrettes doit se trouver au-dessus de la première des deux du tour précédent.

8ᵉ *tour*. 3ᵉ nuance ; 5 barrettes, 4 mailles chaînettes ; répétez. La première barrette doit se trouver sur celle du milieu des 5 du tour précédent.

9ᵉ *tour*. 4ᵉ nuance ; 4 barrettes, 4 mailles chaînettes ; répétez. La première des barrettes doit se trouver sur celle du milieu des 5 du tour précédent.

10ᵉ *tour*. 5ᵉ nuance ; 5 barrettes, 4 mailles chaînettes ; répétez. La première des 5 barrettes doit se trouver au-dessus de la deuxième barrette du tour précédent.

11ᵉ *tour*. 6ᵉ nuance ; 6 barrettes, 4 mailles chaînettes ; répétez. La première barrette doit se trouver au-dessus de la seconde de celles du dernier tour.

12ᵉ *tour*. 7ᵉ nuance ; 7 barrettes, 5 mailles chaînettes ; répétez. La première barrette sur la seconde de celles du tour précédent.

13ᵉ *tour*. 8ᵉ nuance ; 8 barrettes, 5 mailles chaînettes ; répétez. La première barrette doit se trouver sur la troisième de celles du tour précédent.

14ᵉ *tour*. 9ᵉ nuance ; 9 barrettes, 5 mailles chaînettes. Répétez. La première barrette doit se trouver sur la troisième de celles du tour précédent.

15ᵉ *tour*. 1ʳᵉ nuance de ponceau ; 1 maille double, 5 mailles chaînettes, passez 2 mailles. Répétez.

16ᵉ *tour*. 2ᵉ nuance ; 1 maille double dans la maille chaînette du milieu des 5 du tour précédent, 4 mailles chaînettes. Répétez.

17ᵉ *tour*. 3ᵉ nuance ; 1 maille double dans la deuxième maille chaînette du tour précédent, 5 mailles chaînettes. Répétez.

18e *tour.* 4e nuance; 1 maille double dans la maille chaînette du milieu des 5 du tour précédent, 4 mailles chaînettes. Répétez.

19e *tour.* 5e nuance ; 1 barrette, 1 maille chaînette, passez 1 maille. Répétez.

Répétez ce tour 27 fois avec la 6e nuance de ponceau en augmentant quatre ou cinq fois dans chaque tour afin que l'ouvrage reste bien plat.

47e *tour.* 1 maille double , 2 mailles chaînettes, passez 1 maille. Répétez.

48e *tour.* 1re nuance de laine ponceau ; 1 barrette dans chaque ouverture du tour précédent, 2 mailles chaînettes entre chaque barrette.

49e *tour.* 2e nuance de ponceau ; 1 barrette dans chaque ouverture du tour précédent, 2 mailles chaînettes entre chaque barrette.

Répétez ce tour avec les 3e, 4e, 5e et 6e nuances de ponceau ; puis, renversez l'ordre des nuances et faites ce même tour avec les 5e, 4e, 3e, 2e et 1re nuances de ponceau.

59e *tour.* Nuance la plus claire de gris ; 3 barrettes dans chaque ouverture et 1 maille chaînette au-dessus de chaque barrette du tour précédent.

Ensuite un tour de mailles doubles avec chacune des cinq nuances suivantes. Renversez l'ordre des nuances, faites un tour de mailles doubles avec la cinquième nuance et un avec chacune des trois nuances suivantes ; puis, avec la nuance la plus claire, faites 1 maille double, 1 maille chaînette alternativement en passant 1 maille du tour précédent sous chaque maille chaînette.

70e *tour*. Avec la nuance la plus foncée de ponceau, faites 1 barrette dans chaque ouverture du tour précédent et 1 maille chaînette entre chaque barrette.

71e *tour*. Avec la même nuance faites 1 barrette dans chaque ouverture du tour précédent, et 1 maille chaînette entre chaque barrette, 10 fois de suite; mais après la dixième barrette faites 3 mailles chaînettes au lieu d'une seule, passez la maille chaînette suivante du tour précédent, faites 1 barrette dans la maille chaînette suivante; puis encore 10 barrettes séparées chacune par 1 maille chaînette, comme au commencement. Répétez toujours de même jusqu'à la fin du tour.

72e *tour*. 2e nuance; 5 mailles chaînettes au-dessus des 5 mailles chaînettes du tour précédent, et 9 barrettes, avec 1 maille chaînette entre chaque barrette au-dessus des 10 du tour précédent.

73e *tour*. Même nuance ; 6 mailles chaînettes au-dessus des 5 mailles chaînettes du tour précédent, 8 barrettes au-dessus des 9 du tour précédent.

74e *tour*. 3e nuance; 8 mailles chaînettes au-dessus des 6 du tour précédent, 7 barrettes au-dessus des 8.

75e *tour*. Même nuance; 6 barrettes au-dessus des 7 du tour précédent, 5 mailles chaînettes, 1 barrette dans la quatrième des 8 mailles chaînettes, 5 mailles chaînettes. Répétez.

76e *tour*. 4e nuance ; 5 barrettes au-dessus des 6 du tour pré-

15.

cédent, 5 mailles chaînettes, 5 barrettes, sans mailles chaînettes entre, 1 barrette de chaque côté de la barrette isolée du
tour précédent, 5 mailles chaînettes. Répétez.

77e *tour.* Même nuance ; 4 barrettes au-dessus des 5 du tour
précédent, 5 mailles chaînettes, 5 barrettes, sans mailles chai-
nettes entre, 1 barrette de chaque côté des 5 du dernier tour,
5 mailles chaînettes. Répétez.

78e *tour.* 5e nuance ; 5 barrettes au-dessus des 4 du tour précédent, 5 mailles chaînettes, 7 barrettes, sans mailles chaînettes entre, au-dessus des 5 du tour précédent, 5 mailles chaînettes. Répétez.

79e *tour.* Même nuance ; 2 barrettes sur les 5 du tour précédent, 5 mailles chaînettes, 9 barrettes au-dessus des 7 du tour
précédent, 5 mailles chaînettes. Répétez.

80e *tour.* 6e nuance ; 1 barrette sur les 2 barrettes du tour
précédent, 5 mailles chaînettes, 11 barrettes sur les 9 du tour
précédent, 5 barrettes. Répétez.

81e *tour.* Même nuance ; répétez le dernier tour.

82e *tour.* 5e nuance ; 9 barrettes au-dessus des 11 du dernier
tour, 5 mailles chaînettes, 1 barrette au-dessus de la barrette
isolée du tour précédent, 5 mailles chaînettes. Répétez.

85e *tour.* Même nuance ; 7 barrettes (toutes les barrettes de ce
losange sont faites sans mailles chaînettes entre elles) au-dessus des 9 barrettes du dernier tour, 7 mailles chaînettes, 5 barrettes au-dessus de la barrette isolée du dernier tour (ces 5 barrettes déborderont d'une maille de chaque côté de la barrette
isolée), 7 mailles chaînettes. Répétez.

84e *tour.* 4e nuance ; 5 barrettes au-dessus des 7 du tour précédent, sans mailles chaînettes entre, 7 mailles chaînettes, 4 barrettes au-dessus des 5 du tour précédent avec 1 maille chaînette entre chaque barrette, 7 mailles chaînettes. Répétez.

85e *tour.* Même nuance ; 4 barrettes au-dessus des 5 du tour précédent, 7 mailles chaînettes, 5 barrettes avec 1 maille chaînette entre chaque barrette au-dessus des 4 du tour précédent, 7 mailles chaînettes. Répétez.

86e *tour.* 5e nuance ; 5 barrettes au-dessus des 4 du tour précédent, 7 mailles chaînettes, 6 barrettes, avec 1 maille chaînette entre chaque barrette, au-dessus des 5 du tour précédent, 7 mailles chaînettes. Répétez.

87e *tour.* Même nuance ; 1 barrette au-dessus de la barrette du milieu des 5 du tour précédent, 7 mailles chaînettes, 7 barrettes avec 1 barrette entre chaque barrette, au-dessus des 6 barrettes du tour précédent, 7 mailles chaînettes. Répétez.

88e *tour.* 2e nuance ; 1 barrette, 1 maille chaînette, passez 1 maille. Répétez.

89e *tour.* Même nuance ; répétez le dernier.

Faites encore 6 tours semblables avec la nuance la plus foncée.

96e *tour.* Nuance la plus foncée ; 1 barrette, 5 mailles chaînettes, passez 1 maille ; continuez de la même manière jusqu'à la fin du tour.

97e *tour.* Même nuance ; 1 barrette dans chaque ouverture du tour précédent, et 6 mailles chaînettes entre chaque barrette.

Ce tour termine le tapis de table.

On passe dans les jours du dernier tour une grosse torsade en laine ponceau et grise de toutes les nuances employées dans le corps du tapis ; on termine cette torsade par deux gros glands ou rosettes en même laine. Cette torsade sert à maintenir le tapis autour de la table, on noue les deux bouts de cette torsade que l'on fait passer par deux des ouvertures du dernier tour, avant d'y coudre les glands ou rosettes.

On peut exécuter ce même modèle en coton blanc, un peu fin, pour dessus de pouf ou de coussin.

⋘⋙

HOUSSE CARRÉE POUR CHAISE.

Coton C. B., n° 20. Crochet en acier, n° 6.

Cet ouvrage se fait en tours fermés ; à la fin de chaque tour on réunit la dernière maille à la première barrette par 1 maille simple, et pour la première barrette du tour suivant, on monte 5 mailles.

Montez 106 mailles et joignez-en la première à la dernière, pliez la chaînette de 106 mailles en deux et réunissez-la par une couture au milieu, de manière à avoir 53 mailles de chaque côté.

1er *tour*. 1 maille double dans chaque maille de la chaînette.

2e *tour*. 1 barrette dans l'extrémité de la chaînette du commencement, 6 mailles chaînettes pour le coin. Ensuite, continuez en crochet à jours, en commençant sur la première des 53 mailles d'un côté, après la dernière de ces mailles, faites

6 mailles chaînettes pour le coin, et répétez depuis le commencement.

3ᵉ *tour.* 2 points de crochet à jours. Chaque point se compose de 1 barrette 1 maille chaînette de chaque côté de la barrette à l'extrémité du tour précédent, le dernier de ces points se trouvera sur la troisième des 6 mailles chaînettes ; faites 6 mailles chaînettes, commencez ensuite le crochet à jours sur la quatrième des 6 mailles chaînettes et continuez jusqu'à ce que vous arriviez à la moitié des 6 mailles chaînettes du coin suivant ; puis faites 6 mailles chaînettes et répétez depuis le commencement ; le premier des 4 points de crochet à jours doit commencer sur la quatrième des 6 mailles chaînettes du tour précédent.

4ᵉ *tour.* 7 points de crochet à jours par-dessus les 4 du tour précédent, en commençant sur la quatrième des 6 mailles chaînettes du tour précédent, et la septième se trouvera alors sur la troisième des 6 mailles chaînettes suivantes ; 6 mailles chaînettes crochet à jours, depuis la quatrième des 6 mailles chaînettes jusqu'à la moitié des 6 mailles chaînettes du coin suivant, 6 mailles chaînettes. Répétez.

5ᵉ *tour.* Mailles doubles, 1 maille dans chaque maille chaînette des coins.

6ᵉ *tour.* Mailles doubles, augmentez deux fois à chaque coin en faisant 2 mailles dans la troisième et 2 dans la quatrième des mailles du coin.

7ᵉ *tour.* Comme le sixième, en augmentant dans la quatrième et la cinquième des 8 mailles des coins du tour précédent.

8ᵉ *tour*. Comme le sixième, en augmentant dans la cinquième et la sixième des 10 mailles des coins du tour précédent.

9ᵉ *tour*. Commencez sur la septième des 12 mailles du coin du tour précédent; faites alternativement 1 barrette, 5 mailles chaînettes, en passant 3 mailles du tour précédent entre chaque barrette, jusqu'au coin suivant; là faites 4 mailles chaînettes et répétez depuis le commencement. (Observez, dans les répétitions, qu'il ne faut jamais passer de mailles entre les barrettes des coins.)

10ᵉ *tour*. 1 barrette dans la deuxième des 4 mailles chaînettes du tour précédent, 5 mailles chaînettes, 1 barrette dans la troisième des 4 mailles chaînettes, 5 mailles chaînettes, passez 5 mailles du tour précédent, 1 barrette; répétez alternativement les barrettes et les 5 mailles chaînettes jusqu'au coin suivant, puis répétez depuis le commencement.

Répétez encore sept fois le dixième tour.

18ᵉ *tour*. 1 maille double dans la barrette du tour précédent, 5 mailles chaînettes. Répétez. A chaque coin, faites 6 mailles chaînettes.

19ᵉ *tour*. 3 barrettes dans l'ouverture des 6 mailles chaînettes du coin du tour précédent; faites 6 mailles chaînettes, puis encore 3 barrettes dans la même ouverture, 1 maille chaînette, 5 barrettes dans l'ouverture des 5 mailles chaînettes du tour précédent; répétez alternativement les 5 barrettes et la maille chaînette jusqu'au coin, que vous ferez comme le dernier.

20ᵉ *tour*. 1 barrette dans les 6 mailles chaînettes du coin du tour précédent, 5 mailles chaînettes, encore 1 barrette dans la même ouverture, 6 mailles chaînettes, une troisième barrette dans la même ouverture, 3 mailles chaînettes, une quatrième barrette dans la même ouverture ; puis alternativement 3 mailles chaînettes, 1 barrette, jusqu'au coin, puis répétez depuis le commencement.

21e *tour*. 3 barrettes dans la première ouverture des 3 mailles chaînettes au coin du tour précédent, 1 maille chaînette, 3 barrettes dans l'ouverture des 6 mailles chaînettes, 6 mailles chaînettes, 3 barrettes dans la même ouverture, 1 maille chaînette ; puis faites alternativement 3 barrettes, 3 mailles chaînettes, jusqu'au coin suivant, puis répétez depuis le commencement.

Répétez 4 fois le 20e et le 21e tours en les alternant ; cela complète une housse de moyenne grandeur, on peut l'agrandir en faisant encore quelques tours semblables.

On ajoute une frange de brins de coton noués.

DESSUS DE TABOURET DE PIANO.

Coton C. B. n° 20. Crochet en acier, n° 6.

Montez 10 mailles et formez-en un rond.

1er *tour*. 3 barrettes, 2 mailles chaînettes, 1 barrette, 3 mailles chaînettes, 1 barrette, 2 mailles chaînettes ; répétez 5 fois.

2e *tour*. 1 barrette dans l'ouverture des 2 mailles chaînettes avant les 3 barrettes du dernier tour, 2 mailles chaînettes,

1 barrette dans la première des 3 barrettes du tour précédent, 2 barrettes dans la suivante et 1 dans la dernière, ce qui fait en tout 4 barrettes au-dessus des 3 du tour précédent, 2 mailles chaînettes, 1 barrette dans l'ouverture des 2 mailles chaînettes après les 3 barrettes du dernier tour, 4 mailles chaînettes; répétez.

3e *tour*. 1 barrette dans l'ouverture des 2 mailles chaînettes, avant les 4 barrettes du tour précédent, 2 mailles chaînettes, 1 barrette dans la première des 4 barrettes, 2 barrettes dans la seconde, 1 dans la troisième, et 2 dans la quatrième, en tout 6 barrettes; 2 mailles chaînettes, 1 barrette dans l'ouverture des 2 mailles du tour précédent, 5 mailles chaînettes; répétez.

4e *tour*. 1 barrette dans l'ouverture des 2 mailles chaînettes avant la barrette isolée du tour précédent, 2 mailles chaînettes, 2 barrettes dans la première et 2 dans la dernière des 6 barrettes du tour précédent, et 1 barrette dans chacune des 4 autres, en tout 8 barrettes; 2 mailles chaînettes, 1 barrette dans l'ouverture de 2 mailles chaînettes du tour précédent; 6 mailles chaînettes; répétez.

5e *tour*. 1 barrette dans l'ouverture des 2 mailles chaînettes avant la barrette isolée du tour précédent; 2 mailles chaînettes, 2 barrettes dans la première des 8 barrettes du tour précédent, 1 barrette dans la seconde et 1 dans la troisième, 2 dans la quatrième, 1 dans la cinquième, 1 dans la sixième, 1 dans la septième et 2 dans la huitième, en tout 11 barrettes; 2 mailles chaînettes, 1 barrette dans l'ouverture des 2 mailles chaînettes du tour précédent, 7 mailles chaînettes; répétez.

6ᵉ *tour.* 1 barrette dans l'ouverture des 2 mailles chaînettes du tour précédent, 2 mailles chaînettes, 1 barrette dans la première et 1 dans la seconde des barrettes du tour précédent, 2 dans la troisième, 1 dans chacune de trois suivantes, 2 dans la septième et 1 dans chacune de 4 suivantes, en tout 13 barrettes ; 2 mailles chaînettes, 1 barrette dans l'ouverture de 2 mailles chaînettes du tour précédent, 8 mailles chaînettes ; répétez.

7ᵉ *tour.* 1 maille double dans chaque maille, augmentez en faisant 2 mailles dans chaque cinquième maille.

8ᵉ *tour.* 1 barrette, passez 3 mailles, 1 barrette dans la quatrième maille, 3 mailles chaînettes, 1 barrette dans la cinquième maille, 4 mailles chaînettes, 1 barrette dans la sixième maille, 3 mailles chaînettes ; répétez. (Il ne faut pas laisser de mailles libres dans les répétitions.)

9ᵉ *tour.* Dans l'ouverture de 4 mailles chaînettes du tour précédent, faites 4 barrettes séparées chacune par 1 maille chaînette ; 5 mailles chaînettes, répétez.

10ᵉ *tour.* Commencez sur la dernière des 5 mailles chaînettes du tour précédent, faites 5 barrettes séparées par 1 maille chaînette ; puis 3 mailles chaînettes ; répétez.

11ᵉ *tour.* 1 barrette dans chaque maille.

12ᵉ *tour.* 1 maille double dans chaque barrette.

13ᵉ *tour.* 3 barrettes dans une seule maille et 3 mailles chaînettes entre chaque barrette, passez 3 mailles et répétez.

14ᵉ *tour.* 1 barrette dans la première des 3 mailles chaînettes,

1 maille chaînette, 1 barrette dans les mailles chaînettes suivantes, 4 mailles chaînettes ; répétez.

15ᵉ *tour.* 4 barrettes dans la première maille chaînette du tour précédent et 4 mailles chaînettes entre chaque barrette ; faites 5 mailles chaînettes et répétez.

16ᵉ *tour.* 1 barrette dans chacune des deux ouvertures de 4 mailles du tour précédent, 5 mailles chaînettes ; répétez.

17ᵉ *tour.* 5 barrettes séparées par 4 mailles chaînettes dans la deuxième barrette du tour précédent ; répétez.

18ᵉ *tour.* 1 barrette dans les 4 mailles chaînettes entre la première et la seconde barrette du tour précédent, 1 maille chaînette, 1 barrette dans les mailles chaînettes suivantes, 5 mailles chaînettes, 1 barrette dans l'ouverture des 4 mailles chaînettes entre la première et la seconde barrette du dernier tour, 1 barrette dans l'ouverture des mailles chaînettes suivantes ; 5 mailles chaînettes ; répétez.

19ᵉ *tour.* 2 barrettes dans la maille chaînette du tour précédent, 5 mailles chaînettes, 2 barrettes avant les 2 barrettes suivantes du tour précédent, 2 barrettes après ces deux dernières, en tout 4 barrettes ; 5 mailles chaînettes ; répétez.

20ᵉ *tour.* 2 barrettes dans l'ouverture des mailles chaînettes avant les 4 barrettes du tour précédent, 1 barrette entre la seconde et la troisième barrette du tour précédent ; 2 barrettes après la quatrième barrette du tour précédent ; 11 mailles chaînettes ; répétez.

21ᵉ *tour.* 2 barrettes dans l'ouverture des mailles chaînettes avant les 2 barrettes du dernier tour, 1 maille chaînette, 1 bar-

rette entre la seconde et la troisième barrette du tour précédent, 1 maille chaînette, 1 barrette entre la troisième et la
quatrième barrette du tour précédent, 1 maille chaînette,
2 barrettes après les 2 barrettes du tour précédent, 9 mailles
chaînettes ; répétez.

22ᵉ *tour*. 2 barrettes dans l'ouverture des mailles chaînettes
avant les 2 barrettes du tour précédent, 1 maille chaînette,
1 barrette dans la maille chaînette après les 2 barrettes du tour
précédent ; répétez la maille chaînette et la barrette alternativement (en passant toujours une maille du tour précédent sous
chaque maille chaînette) jusqu'à ce que vous ayez fait 5 barrettes, puis faites 1 maille chaînette, 2 barrettes dans l'ouverture des mailles chaînettes après les 2 barrettes du tour précédent, 8 mailles chaînettes ; répétez.

23ᵉ *tour*. 2 barrettes dans l'ouverture des mailles chaînettes
avant les 2 barrettes du dernier tour, 1 maille chaînette, 1 barrette dans la maille chaînette avant les 2 barrettes du tour précédent, répétez 3 fois la maille chaînette et la barrette en les
alternant ; 1 maille chaînette, 2 barrettes dans l'ouverture des
mailles chaînettes après les 2 barrettes du dernier tour, 7 mailles
chaînettes ; répétez.

24ᵉ *tour*. 2 barrettes dans l'ouverture des 7 mailles chaînettes
avant les 2 barrettes du tour précédent, 1 maille chaînette,
1 barrette dans la maille chaînette après les 2 barrettes du tour
précédent ; répétez 4 fois la barrette et la maille chaînette (en
passant toujours 1 maille du tour précédent sous la maille chaînette) ; 1 maille chaînette, 2 barrettes dans l'ouverture des

mailles chaînettes après les 2 barrettes du tour précédent ; 7 mailles chaînettes ; répétez.

25e *tour*. 2 barrettes dans l'ouverture des 7 mailles chaînettes avant les 2 barrettes du tour précédent, 1 maille chaînette, 1 barrette dans la maille chaînette après les 2 barrettes du tour précédent, répétez 5 fois la maille chaînette et la barrette, en passant toujours 1 maille du tour précédent sous chaque maille chaînette ; 1 maille chaînette, 2 barrettes dans l'ouverture des mailles chaînettes après les 2 barrettes du tour précédent, 6 mailles chaînettes ; répétez.

26e *tour*. 2 barrettes dans l'ouverture des 6 mailles chaînettes avant les 2 barrettes du tour précédent, 1 maille chaînette, 1 barrette dans la maille chaînette après les 2 barrettes du tour précédent ; répétez 6 fois la maille chaînette et la barrette, en passant toujours 1 maille du tour précédent sous chaque maille chaînette ; 1 maille chaînette, 2 barrettes dans l'ouverture des mailles chaînettes après les 2 barrettes du tour précédent, 6 mailles chaînettes ; répétez.

27e *tour*. 2 barrettes dans l'ouverture des 6 mailles chaînettes avant les 2 barrettes du tour précédent, 1 maille chaînette, 1 barrette dans la maille chaînette isolée du tour précédent ; répétez 7 fois la maille chaînette et la barrette, en passant toujours une maille du tour précédent sous chaque maille chaînette ; 1 maille chaînette, 2 barrettes dans l'ouverture des mailles chaînettes après les 2 barrettes du tour précédent, 5 mailles chaînettes ; répétez.

28e *tour*. 2 barrettes dans l'ouverture des 5 mailles chaînettes avant les 2 barrettes du tour précédent, 1 maille chaînette, 1 barrette dans la maille chaînette après les 2 barrettes du tour précédent, répétez la maille chaînette et la barrette 8 fois, en passant toujours une maille du tour précédent sous chaque maille chaînette; 1 maille chaînette, 2 barrettes dans l'ouverture des 5 mailles chaînettes après les 2 barrettes du tour précédent; 4 mailles chaînettes; répétez.

29e *tour.* 2 barrettes dans l'ouverture des 4 mailles chaînettes avant les 2 barrettes du dernier tour; 1 maille chaînette, 1 barrette dans la maille chaînette après les 2 barrettes, répétez 9 fois la maille chaînette et la barrette, en passant toujours une maille du tour précédent sous chaque maille chaînette : 1 maille chaînette, 2 barrettes dans l'ouverture des mailles chaînettes entre les 2 barrettes du tour précédent, 4 mailles chaînettes; répétez.

30e *tour.* 2 barrettes dans les 4 barrettes avant les 2 barrettes du tour précédent, 1 maille chaînette, 1 barrette dans la maille chaînette après les 2 barrettes, répétez 10 fois la maille chaînette et la barrette, en passant toujours une maille du tour précédent sous chaque maille chaînette; 1 maille chaînette, 2 barrettes après les 2 barrettes du tour précédent, 3 mailles chaînettes; répétez.

51e *tour.* 2 barrettes dans l'ouverture des 3 mailles chaînettes avant les 2 barrettes du tour précédent, 1 maille chaînette, 1 barrette dans la maille chaînette après les 2 barrettes du tour précédent, répétez 11 fois la maille chaînette et la barrette, en passant toujours une maille du tour précédent sous chaque barrette ; 1 maille chaînette, 2 barrettes dans l'ouverture des 5 mailles chaînettes après les 2 barrettes du tour précédent, faites 5 mailles chaînettes ; répétez.

32e tour. 2 barrettes dans l'ouverture des 5 mailles chaînettes avant les 2 barrettes du tour précédent, 1 maille chaînette, 1 barrette dans la maille chaînette après les 2 barrettes du tour précédent ; répétez 2 fois la maille chaînette et la barrette, en passant une maille du tour précédent sous chaque maille chaînette ; 1 maille chaînette, 2 barrettes dans l'ouverture des 5 mailles chaînettes du tour précédent, 2 mailles chaînettes ; répétez.

33e tour. 1 maille double dans l'ouverture de 2 mailles chaînettes du tour précédent, 10 mailles chaînettes, 1 maille double entre la quatrième et la cinquième des 15 barrettes du tour précédent ; 10 mailles chaînettes, 1 barrette entre la neuvième et la dixième barrette du tour précédent ; 10 mailles chaînettes ; répétez.

Ce tour termine l'ouvrage, ajoutez une frange composée de brins de coton de 15 centimètres de longueur ; nouez 12 brins dans chaque ouverture de 10 mailles chaînettes du dernier tour.

Ce modèle servira également pour voile de fauteuil. Exécuté en laine de Saxe de couleur, il formera un très-joli dessus pour coussin de pied. Au lieu de la frange, on ajouterait alors une dentelle au crochet tout autour.

DESSUS DE COUSSIN,

COMPOSÉ DE DAHLIAS DE COULEURS VARIÉES SUR UN FOND VERT.

Laine de Saxe cinq fils ; pour chaque dahlia, 4 nuances de laine ponceau, violette, jaune ou blanche et grise ; 2 nuances de vert. Pour le cœur des dahlias de la filoselle couleur d'ambre. Crochet en ivoire, n° 16.

Avec la filoselle, montez 4 mailles et formez-en un rond.

1er *tour*. 2 mailles doubles dans chaque maille de la chaînette.

2e *tour*. Nuance la plus foncée de la laine de couleur ; * 1 maille double, 10 mailles chaînettes, passez la dernière et faites 1 maille double dans chacune des 9 suivantes ; répétez 7 fois depuis *.

3e *tour*. Seconde nuance ; 1 maille double sur celle du tour précédent ; 9 mailles doubles autour d'une feuille du tour précédent : 1 maille dans le pied de la feuille ; 9 mailles sur les 9 du tour précédent ; répétez.

4e *tour*. Troisième nuance ; 1 maille double dans chaque maille du tour précédent.

5e *tour*. Nuance la plus claire ; 1 maille double dans chaque maille du dernier tour ; 2 mailles à la pointe de chaque feuille.

6e *tour*. Nuance de vert la plus foncée ; 1 barrette dans la 2e barrette après la pointe de la feuille ; 5 mailles chaînettes, passez 1 maille, 1 barrette dans la maille à la pointe de la feuille ; 3 mailles chaînettes, passez 1 maille, 1 barrette, 5 mailles chaînettes ; répétez.

7ᵉ *tour*. 5 barrettes dans les 5 mailles chaînettes entre les feuilles ; 2 mailles chaînettes, 1 barrette dans l'ouverture des 5 mailles chaînettes, 5 mailles chaînettes, 1 barrette dans l'ouverture des 5 mailles chaînettes suivantes, 2 mailles chaînettes ; répétez.

Ce tour termine la rosace avec un dahlia ; chaque rosace se fait de même, on change seulement la couleur des dahlias ; pour réunir ces rosaces, formez la petite rosace suivante en laine verte de la nuance la plus claire.

Montez 8 mailles et formez-en un rond.

1ᵉʳ *tour*. 16 mailles doubles, crochet feston, dans l'ouverture du rond.

2ᵉ *tour*. 1 maille double, 5 mailles chaînettes, passez 1 maille ; répétez.

5ᵉ *tour*. Dans chaque ouverture du tour précédent, 2 mailles doubles, 5 barrettes, 2 mailles doubles.

Ce modèle, exécuté en coton blanc, formera un joli voile de fauteuil.

———

COUSSIN DE CANAPÉ

EN GROSSE CHENILLE BRODEUSE NOIRE, PONCEAU, MAUVE,
JAUNE D'OR.

Crochet en buis, n° 52.

Montez 14 mailles en chenille noire et coupez le brin.

1ᵉʳ *tour*. Crochet à jours, c'est-à-dire toujours 2 barrettes, 2 mailles chaînettes, en passant 2 mailles sous les mailles chaînettes. Dans cet ouvrage chaque point de crochet à jours se composé de 2 barrettes, 2 mailles chaînettes. Commencez sur la première maille de la chaînette, et continuez jusqu'au bout, vous aurez répété les 2 barrettes, 4 fois ; ensuite faites 4 mailles chaînettes, 2 barrettes dans l'extrémité de la chaînette montée en premier lieu, encore 4 mailles chaînettes, puis travaillez de l'autre côté de la chaînette de 14 mailles, toujours 2 barrettes, 2 mailles chaînettes, en plaçant les barrettes vis-à-vis de celles qui se trouvent de l'autre côté. A la fin de la chaînette, faites 4 mailles chaînettes, 2 barrettes dans l'extrémité de la chaînette de 14 mailles et arrêtez la chenille dans les premières mailles.

2ᵉ *tour*. Prenez la chenille ponceau et faites 2 barrettes dans les 2 mailles chaînettes du tour précédent, et 2 mailles chaînettes au-dessus des 2 barrettes. Pour les coins, faites 2 barrettes dans 2 des 4 mailles chaînettes du coin du dernier tour, 4 mailles chaînettes, 2 barrettes dans les 2 autres des 4 mailles chaînettes du dernier tour, puis continuez comme avant toujours 2 barrettes, 2 mailles chaînettes.

Tous les autres tours du milieu du coussin se font de la même manière, et les augmentations des coins se continuent dans les mêmes proportions. Il suffira donc d'indiquer le nombre de ces tours et les couleurs dont ils doivent être composés.

3ᵉ *tour*. Mauve.

4ᵉ *tour*. Jaune d'or.

5ᵉ *et* 6ᵉ *tours*. Noir.

7ᵉ *et* 8ᵉ *tours*. Ponceau.

9ᵉ *tour*. Mauve ; et, s'il est exécuté avec exactitude, il y aura 50 mailles de chaque côté long, et 38 du côté court.

Le centre se fait entièrement en grosse chenille, la bordure, que nous allons expliquer, en chenille plus fine.

1er *tour*. Commencez du côté le plus long, en prenant 2 des mailles chaînettes du coin pour ce côté; 5 barrettes, avec une maille chaînette entre chaque barrette et faites ensuite toujours 1 barrette, 1 maille chaînette, en passant 1 maille sous la maille chaînette jusqu'à ce qu'il n'y ait plus que 4 mailles avant le coin, alors faites 4 barrettes avec 1 maille chaînette entre chaque barrette, sans passer de maille sous les mailles chaînettes; cela vous mènera jusqu'au centre des 4 mailles du coin; faites alors 5 mailles chaînettes, 5 barrettes avec 1 maille chaînette entre chaque barrette, puis encore toujours 1 barrette, 1 maille chaînette, en passant 1 maille sous chaque maille chaînette jusqu'à ce qu'il ne vous reste que 2 mailles; faites alors 2 barrettes, avec 1 maille chaînette entre chaque barrette. Exécutez d'une manière analogue l'autre moitié de la bordure.

2e *tour*. 1 barrette dans celle du milieu des 5 mailles chaînettes du coin, 5 mailles chaînettes, passez 1 maille, 9 barrettes, sans mailles chaînettes entre, 5 mailles chaînettes, passez 5 mailles, 1 barrette, 5 mailles chaînettes, passez 5 mailles, répétez alternativement les 9 barrettes et les mailles chaînettes avec la barrette au milieu; à chaque coin, après avoir fait les 9 barrettes, faites 5 mailles chaînettes, 1 barrette dans la maille du milieu des 5 mailles chaînettes du tour précédent, 5 mailles chaînettes, passez 1 maille, puis recommencez par 9 barrettes.

5e *tour*. 7 barrettes sur les 9 barrettes du tour précédent, en laissant déborder celles-ci d'une de chaque côté, faites

5 mailles chaînettes, passez 5 mailles du dernier tour, 1 barrette, 1 maille chaînette, 1 barrette, 5 mailles chaînettes, passez 5 mailles et répétez depuis les 7 barrettes. Pour le coin, après les 7 barrettes, faites 5 mailles chaînettes, passez 5 mailles, 5 barrettes avec 1 maille chaînette entre chaque barrette, 5 mailles chaînettes après la 5ᵉ barrette, passez 5 mailles, 7 barrettes.

4ᵉ *tour.* 5 barrettes sur les 7 du tour précédent, 5 mailles chaînettes, passez 5 mailles, ˙ 1 barrette, 1 maille chaînette, passez 1 maille ; répétez 2 fois depuis ˙. Après la 5ᵉ barrette, faites 5 mailles chaînettes, passez 5 mailles et répétez les 5 barrettes au-dessus des 7 du tour précédent. Pour le coin faites 5 mailles chaînettes après les 5 barrettes, passez 5 mailles, 1 barrette, 1 maille chaînette, passez 1 maille du tour précédent, 4 barrettes avec 1 maille chaînette entre chaque barrette, 1 maille chaînette, passez 1 maille, 1 barrette, 5 mailles chaînettes, répétez les 5 barrettes.

5ᵉ *tour.* 5 barrettes sur les 5 du tour précédent, passez 5 mailles, 5 mailles chaînettes, ˙ 1 barrette, 1 maille chaînette, passez 1 maille, répétez 5 fois depuis ˙, faites 5 mailles chaînettes après la quatrième barrette, passez 5 mailles, et répétez les 5 barrettes sur les 5 du tour précédent. Pour les coins, 4 mailles chaînettes, après les 5 barrettes, passez 5 mailles, ˙ 1 barrette, 1 maille chaînette, passez 1 maille, répétez 2 fois depuis le dernier signe ˙, 1 barrette dans la maille suivante (cette barrette doit se trouver au centre du coin du dernier tour), 1 maille chaînette, 1 barrette dans la même maille que la dernière barrette, puis 3 fois 1 maille chaînette, 1 barrette, en passant 1 maille sous la maille chaînette, 3 mailles chaînettes, passez 3 mailles, et répétez les 3 barrettes au-dessus des 3 du tour précédent.

6e *tour*. 1 barrette sur la barrette du milieu des 3 du tour précédent, 3 mailles chaînettes, puis 5 fois 1 maille chaînette, 1 barrette, ensuite 3 mailles chaînettes, passez 3 mailles et répétez. Pour le coin, après avoir fait la barrette dans le centre des 3 barrettes du tour précédent, 4 mailles chaînettes, puis 4 fois 1 barrette, 1 maille chaînette, en passant une maille sous la maille chaînette, après la quatrième barrette, 1 maille chaînette, passez 1 maille, 1 barrette dans la maille suivante, 1 maille chaînette, puis encore 1 barrette dans la même maille; ensuite 4 fois 1 barrette, 1 maille chaînette, en passant une maille sous chaque maille chaînette, puis 4 mailles chaînettes et répétez la barrette sur la barrette du centre des 3 du tour précédent. Il va sans dire que tous les coins sont pareils, et que chaque tour est bien fermé.

DESSUS DE PELOTE RONDE.

Coton C. B. n° 100. Crochet en acier, n° 4.

Montez 6 mailles chaînettes et formez-en un rond.

1er *tour*. Faites, dans l'ouverture du rond, 3 barrettes, 3 mailles chaînettes ; répétez 6 fois.

2ᵉ *tour.* 5 barrettes au-dessus des 5 barrettes du tour précédent, 4 mailles chaînettes; répétez.

3ᵉ *tour.* 2 barrettes dans la première barrette du tour précédent, 1 barrette dans la deuxième, 2 dans la troisième, 4 mailles chaînettes; répétez.

4ᵉ *tour.* 2 barrettes dans la première barrette et 2 dans la cinquième barrette du tour précédent, 1 barrette dans chacune des trois autres, 4 mailles chaînettes; répétez.

5ᵉ *tour.* 1 barrette dans la dernière des 4 mailles chaînettes du tour précédent, 2 barrettes dans la première des barrettes du tour précédent, 1 barrette dans chacune des 5 suivantes, 2 dans celle qui suit, et 1 dans la première des 4 mailles chaînettes du tour précédent, 4 mailles chaînettes; répétez.

6ᵉ *tour.* 1 barrette dans la dernière des 4 mailles du tour précédent, 1 barrette dans chacune des 11 du tour précédent, 1 barrette dans la première des 4 mailles chaînettes, 3 mailles chaînettes; répétez.

7ᵉ *tour.* 1 barrette, 2 mailles chaînettes, passez 1 maille; répétez.

8ᵉ *tour.* 1 barrette dans chaque ouverture du dernier tour, 2 mailles chaînettes entre chaque barrette.

9ᵉ *tour.* Comme le huitième.

10ᵉ *tour.* 1 barrette dans chaque maille.

11ᵉ *tour.* 1 maille double, 7 mailles chaînettes, passez 2 mailles; répétez.

12ᵉ *tour.* 2 barrettes dans les 7 mailles chaînettes du tour précédent, 3 mailles chaînettes, 2 barrettes dans la même ouverture, 2 mailles chaînettes, et répétez ; faites les barrettes suivantes dans les ouvertures de 7 mailles chaînettes.

13ᵉ *tour.* 1 maille double dans les 2 mailles chaînettes du tour précédent, 8 mailles chaînettes, et répétez ; ces trois derniers tours forment une petite garniture à festons ; on peut la remplacer par une frange, en nouant des bouts de coton de 14 à 15 centimètres de longueur dans chaque maille du 10ᵉ tour.

DESSOUS DE VASE.

Laine de Saxe dix fils verte, noire, maïs, ponceau et blanche. Crochet en ivoire, nᵒ 16.

Montez 4 mailles chaînettes avec la laine verte et formez-en un rond, puis faites 5 tours de crochet tunisien imitant le point de tapisserie (nᵒ 15), en augmentant de manière à maintenir le rond bien plat.

Faites ensuite un tour de crochet ananas (nᵒ 15) avec la laine noire, en piquant dans toutes les mailles. Puis un tour de crochet ananas en maïs et encore un en noir, en augmentant le nombre de boules afin que le rond demeure bien plat. Après cela faites trois tours de point dit de tapisserie en laine ponceau, puis un tour de crochet ananas en laine blanche, toujours en augmentant. Faites ensuite, pour former les festons du tour, des chaînettes de 10 mailles attachées par une maille double, en passant trois boules du crochet ananas sous chaque chaînette et piquant dans la maille du dessus de la quatrième. Puis un tour de barrettes doubles dans chaque maille, excepté celle qui se trouve au-dessus de chaque maille double du tour précédent; dans celle-là vous ferez une barrette ordinaire. Terminez par un tour de mailles simples en laine maïs.

DESSOUS DE LAMPE.

Laine de Saxe dix fils. Crochet en buis, n° 30, à boule.

Avec la laine grise montez 6 mailles et réunissez-les en un rond.

Faites 8 points de crochet boules dans l'ouverture du rond. Continuez à travailler en rond, en augmentant à chaque tour de manière à tenir l'ouvrage bien plat, toujours au crochet boules.

Au 9e tour prenez la laine noire.

Au 10e tour la laine jaune d'or.

Au 11e tour la laine noire.

Faites ensuite une bordure au crochet perles en laine ponceau. Pour le premier tour, faites 1 point dans chaque ouverture du dernier tour noir. Faites encore 4 tours sans augmenter; la bordure ne reste pas plate, elle revient en s'arrondissant tout autour du fond, ce qui produit un très-joli effet.

VOILE DE LAMPE.

Coton rose, n° 50. Perles marcassites. Crochet en acier, n° 6

Montez 102 mailles et formez-en un rond, en réunissant la première à la dernière.

4 tours de mailles simples en augmentant de 5 à 6 mailles à chaque tour.

1 tour de crochet à jours, c'est-à-dire toujours 1 barrette, 1 maille chaînette, en passant 1 maille du tour précédent sous la chaînette. Il doit y avoir 57 jours dans le tour entier.

Un second tour semblable, en faisant seulement 2 mailles chaînettes, au lieu d'une, entre les barrettes.

2 tours de crochet à jours, comme le dernier, mais en augmentant six fois, à distances régulières en faisant 3 au lieu de 2 mailles chaînettes entre les barrettes. Le travail se fait en ronds fermés, la première barrette se compose de 3 mailles chaînettes, et la dernière maille du tour se réunit à cette première barrette.

9e *tour.* ˙ 5 barrettes, 9 jours ; répétez depuis ˙. (Chaque jour se compose de 2 mailles chaînettes, 1 barrette, dans une ouverture du tour précédent.) Dans le cinquième des 9 jours, faites trois au lieu de deux chaînettes pour augmenter.

10e *tour.* ˙ 2 barrettes, 8 jours (dans le premier et le dernier de ces jours, augmentez d'une maille), 7 barrettes sous les 5 barrettes du tour précédent, de manière qu'il y en ait une de chaque côté qui les dépasse ; répétez depuis ˙, terminez par 5 barrettes.

11° *tour.* ˙ Commencez sur la cinquième barrette du tour précédent, 4 barrettes, 7 jours, 4 barrettes, 5 mailles chaînettes, passez 1 maille (cela forme une augmentation); répétez depuis ˙.

12° *tour.* ˙ 4 barrettes, 7 jours, 4 barrettes, 5 mailles chaînettes, passez 2 mailles, 1 barrette dans la troisième, 5 mailles chaînettes; répétez depuis ˙.

Il sera facile de continuer le dessin en suivant la même marche. A tous les deux tours, diminuez le nombre de jours, de sorte qu'au 24° vous n'en ayez plus qu'un; en même temps augmentez toujours le nombre des mailles chaînettes entre les lignes de barrettes pleines et faites toujours une barrette au centre de chaque ouverture de cette partie de l'ouvrage. Au 24° tour, vous aurez 1 jour, 4 barrettes, puis 14 ouvertures de 11 mailles chaînettes et ainsi de suite jusqu'à la fin du tour. Vous aurez donc augmenté d'une ouverture à chaque tour, et à tous les deux tours vous aurez fait ces ouvertures d'une maille chaînette plus grande; vous aurez, d'un autre côté, diminué d'un jour à tous les deux tours. Au 25° tour, faites 7 barrettes qui devront se trouver au-dessus des 8 barrettes séparées par 2 mailles chaînettes, du tour précédent, puis 15 ouvertures de 11 mailles chaînettes, et répétez. Au 26° et dernier tour, commencez par enfiler une centaine de perles marcassites sur votre coton; faites 3 barrettes sur les 3 barrettes du milieu des 7 barrettes du tour précédent, puis 16 ouvertures de 11 mailles chaînettes; dans la sixième des 11 mailles chaînettes, glissez une perle marcassite.

15.

BOUCHON DE LAMPE.

Ganse lisse, laine de Saxe cinq fils, rouge, laine lamée d'or, fil de laiton. Crochet en ivoire, n° 14.

Prenez la ganse lisse et recouvrez-en de mailles doubles un bout de 15 centimètres de longueur; repliez la ganse sur elle-même et continuez à la recouvrir de la même manière, en piquant toujours le crochet dans les mailles de dessous; faites ainsi six tours, en augmentant toujours, de manière que le petit rond soit bien plat. Cela termine le fond du bouchon, qui a la forme d'un petit chapeau. Faites ensuite un tour, avec trois diminutions, placés à distances égales, puis huit tours unis, sans augmenter ni diminuer. Coupez alors la ganse, mais sans arrêter la laine, et faites au bord du petit chapeau un tour de barrettes, une barrette dans chaque maille du dernier tour sur la ganse, et une chaînette entre chaque barrette, pour donner de l'ampleur à la garniture. Faites encore deux tours semblables. Prenez la laine lamée et un bout de fil de laiton et faites un dernier tour en mailles doubles, point de feston, en recouvrant le fil de laiton.

Le travail au crochet ainsi terminé, relevez la garniture en formant de petites coquilles; ces coquilles sont maintenues par le fil de laiton, et on les attache par un point, de distance en distance, autour de la passe du petit chapeau.

DENTELLES.

Nous publions huit modèles différents de dentelles au crochet. Les trois premières, exécutées en laine, serviront pour en-
cadrer les courtes-pointes ou couvertures de berceau en crochet de laine; ou, reproduites en coton, à border les mêmes
objets en crochet en coton également, ainsi que les rideaux,
bas de jupons et autres vêtements.

Les cinq dernières, plus étroites, serviront également pour
rideaux et aussi pour garnir les dessus de pelotes et taies d'o-
reiller, ainsi que toutes espèces d'objets de lingerie.

DENTELLE N° 1.

Montez 20 mailles et travaillez en allant et en revenant.

1er *tour.* 1 barrette dans la sixième maille de la chaînette, de
façon que les cinq dernières mailles forment la première ouverture; 3 mailles chaînettes, passez 5 mailles de la chaînette,
1 maille double, 3 mailles chaînettes, 4 barrettes et entre chacune
de ces barrettes 5 mailles chaînettes, le tout dans la même maille
dans laquelle on a placé la maille double précédente, 5 mailles
chaînettes, 2 barrettes séparées par 5 mailles chaînettes; ces
2 barrettes sont faites dans la dernière maille de la chaînette,
dont on a passé par conséquent 7 mailles.

2e *tour.* 6 mailles chaînettes, 1 barrette dans la première ouverture, 5 mailles chaînettes, 1 maille double dans la première

ouverture d'une seule maille, 3 mailles chaînettes, 4 barrettes
et entre chaque barrette 3 mailles chaînettes dans cette même
ouverture, 3 mailles chaînettes, 2 barrettes séparées par 3 mailles chaînettes dans la dernière ouverture en commençant par
les 5 mailles de la chaînette.

On répète ces deux tours jusqu'à ce que la partie supérieure
de la dentelle ait la longueur nécessaire ; on fait ensuite, sans
couper le fil, la partie inférieure qui forme des dents séparées.
Le travail se fait dans le sens de la longueur en allant et en
revenant ; on commence par une des mailles de lisière, sur l'un
des côtés longs de la bande supérieure.

1er tour. * 3 mailles chaînettes, 1 barrette dans la première
ouverture du bord extérieur ; recommencez 4 fois depuis * ;
† 30 mailles en l'air, revenez sur ces mailles ; faites 14 barrettes
et entre chaque barrette 1 maille chaînette ; pour faire la première barrette, passez les 4 dernières des 30 mailles ; pour
toutes les autres barrettes, séparez-les en passant seulement
une maille sous chaque maille chaînette, en sorte que la dernière barrette est placée dans la barrette qui se trouve près des
30 mailles en l'air ; on fait une barrette dans l'ouverture suivante du bord extérieur, et l'on a ainsi terminé les jours du
milieu d'une dent. On fait 3 mailles chaînettes, puis 1 barrette
dans chacune des 9 ouvertures du bord extérieur, et entre chaque barrette 3 mailles chaînettes. On recommence depuis †
pour toute la longueur de la dentelle ; on retourne l'ouvrage.

2e tour. Jusqu'à la ligne de jours la plus proche, on fait alternativement 1 maille double, 4 mailles chaînettes ; il doit y avoir

trois de ces mailles doubles et par conséquent trois petites ouvertures dans l'une des ouvertures du tour précédent; puis
5 mailles chaînettes sous lesquelles on passe l'ouverture suivantes; on répète les 3 mailles doubles, séparées chacune par
4 mailles chaînettes dans l'ouverture qui suit celle qu'on vient
de passer, et ainsi de suite. La dernière ouverture avant la
ligne de jours doit être l'une de celles par-dessus lesquelles on
passe; après l'avant-dernière ouverture, dans laquelle on a fait
les mailles doubles et les mailles chaînettes, on fait tout autour
de la ligne de jours des barrettes que l'on sépare seulement par
une maille chaînette de temps en temps, au bas de cette partie
à jours afin que l'ouvrage demeure bien plat. Après avoir terminé ce bord mat, on passe l'ouverture qui s'en trouve le plus
près et l'on fait encore 3 mailles doubles, séparées chacune par
4 mailles en l'air; on répète les indications données plus haut,
jusqu'à la fin du tour.

3ᵉ *tour.* * Dans le premier des trois festons composés de 5 mailles chaînettes, on fait 2 barrettes, 3 mailles chaînettes, encore
2 barrettes; dans le second de ces festons, 5 mailles chaînettes,
1 maille double; dans le troisième feston, 5 mailles chaînettes,
2 barrettes, 3 mailles chaînettes, encore 2 barrettes; on a re-
joint la dent; on travaille tout autour de la manière suivante :
† 3 mailles chaînettes, 2 barrettes, 3 mailles chaînettes, 2 barrettes; ces 4 barrettes sont placées dans la neuvième barrette de
la dent. Recommencez 8 fois depuis †. Le neuvième groupe de
barrettes doit se trouver dans la neuvième barrette, de l'autre
côté de la dent; il reste 8 barrettes de la dent; on fait ensuite

5 mailles chaînettes, et l'on recommence depuis * jusqu'à la fin du tour.

4ᵉ tour. * Dans le premier des deux groupes de barrettes qui se trouvent entre deux dents, 2 mailles doubles, séparées par 4 mailles chaînettes (nous désignerons désormais ces 2 mailles doubles avec les 4 mailles en l'air, par le mot *boucle*), puis 5 mailles chaînettes, 1 maille double sur le feston suivant, 5 mailles chaînettes, 1 maille double sur le feston suivant, 5 mailles chaînettes, 1 boucle dans le groupe suivant ; † 4 mailles chaînettes, 1 boucle dans le premier groupe de la dent. Recommencez 5 fois depuis †. 5 mailles chaînettes, 1 boucle dans le groupe supérieur de la dent, 5 mailles chaînettes. On répète de l'autre côté de la dent les 4 boucles séparées par 4 mailles chaînettes ; après la dernière boucle on fait 4 mailles chaînettes, et l'on recommence depuis * jusqu'à la fin du tour.

5ᵉ tour. On commence encore dans l'espace entre deux dents et dans le deuxième des trois festons entre 2 boucles ; on fait 4 barrettes et entre chaque barrette 5 mailles chaînettes ; 5 mailles chaînettes, 1 maille double dans la première boucle de la dent, 5 mailles chaînettes. * Dans la boucle suivante, 4 barrettes, et entre chaque barrette 5 mailles chaînettes ; 5 mailles chaînettes, 1 maille double dans la boucle suivante. Recommencez 4 fois depuis *, mais dans la boucle à la pointe de la dent, on fait 6 barrettes au lieu de quatre, et entre chaque barrette 4 mailles chaînettes ; après la quatrième répétition, 5 mailles chaînettes, et recommencez depuis le premier *.

6ᵉ tour. On commence au premier groupe de barrettes autour d'une dent ; on fait 1 maille double dans le vide du milieu de ce groupe ; 5 mailles chaînettes, 1 boucle dans l'ouverture suivante, 5 mailles chaînettes, 1 maille double dans la boucle suivante du quatrième tour, sur la maille double de ce tour, 5 mailles chaînettes, 5 boucles dans la première ouverture du groupe suivant, 1 maille chaînette, 5 boucles dans la deuxième ouverture, 1 maille chaînette, 5 boucles dans la troisième ouverture, 5 mailles chaînettes, 1 boucle dans la première ouverture du groupe supérieur, 1 maille chaînette, 5 boucles dans chacune des trois ouvertures du groupe supérieur, et 1 maille chaînette entre chaque 5 boucles, 1 maille chaînette, 1 boucle dans la sixième et dernière ouverture. On travaille de la même manière de l'autre côté de la dent et l'on fait 5 mailles chaînettes pour passer à la dent suivante.

On fait encore les deux tours suivants sur le bord de la partie supérieure de la dentelle.

1er *tour*. 1 barrette dans chaque ouverture et entre chaque barrette 5 mailles chaînettes.

2e *tour*. Sur les 5 mailles chaînettes du tour précédent, on fait, chaque fois, 5 barrettes et l'on passe la barrette du tour précédent, sans faire de mailles chaînettes.

On peut faire un entre-deux avec la partie supérieure seulement de la dentelle, il faut alors exécuter les deux tours ci-dessus expliqués de chaque côté de cette partie.

DENTELLE N° 2.

Montez 35 mailles.

1er *tour.* 1 barrette dans la septième maille de la chaînette, 5 mailles chaînettes, passez 4 mailles, 2 barrettes séparées par 5 mailles chaînettes dans la maille suivante, ' 5 mailles chaînettes, passez 6 mailles, 2 brides séparées par 5 mailles chaînettes dans la maille suivante. Recommencez 2 fois depuis '.

2e *tour.* 6 mailles chaînettes, 1 barrette dans la première ouverture, ' 5 mailles chaînettes, 1 maille double dans le milieu des 5 mailles chaînettes, 5 mailles chaînettes, 1 maille double dans la même maille que la précédente, 5 mailles chaînettes, 2 barrettes séparées par 5 mailles chaînettes dans l'ouverture suivante. Recommencez 2 fois depuis '. 5 mailles chaînettes, 2 barrettes séparées par 5 mailles chaînettes dans la dernière ouverture du tour précédent.

5e *tour.* 6 mailles chaînettes, 1 barrette dans la première ouverture, 5 mailles chaînettes, passez 5 mailles, 2 barrettes séparées par 5 mailles chaînettes dans l'ouverture suivante ; ' 1 maille chaînette, 2 barrettes séparées par 5 mailles chaînettes entre les 2 mailles doubles, 1 maille double, 4 barrettes et entre chaque barrette 1 maille chaînette dans l'ouverture suivante. Recommencez depuis '.

4e *tour.* ' 5 mailles chaînettes, 1 maille double dans la première ouverture qui se trouve entre les 4 barrettes, 1 maille chaînette, 2 mailles doubles séparées par 5 mailles chaînettes dans l'ouverture suivante, 1 maille chaînette, 2 mailles doubles séparées par 5 mailles chaînettes dans la troisième ouverture, 1 maille chaînette, 2 mailles doubles séparées par 5 mailles chaînettes sur les 5 mailles chaînettes entre les 2 barrettes du tour précédent, 1 maille chaînette, 1 maille double dans la première ouverture entre les 4 barrettes. Recommencez 2 fois depuis *. Dans la deuxième répétition, après avoir terminé la petite boucle composée de 5 mailles chaînettes, faites 5 mailles chaînettes au lieu d'une, puis 2 barrettes séparées par 5 mailles chaînettes, encore 2 barrettes séparées par 3 mailles chaînettes dans la dernière ouverture.

5e *tour.* 6 mailles chaînettes, 1 barrette dans la première ouverture, 5 mailles chaînettes, passez 5 mailles, 2 barrettes séparées par 3 mailles chaînettes dans l'ouverture suivante, 5 mailles chaînettes, * 1 maille double sur la petite boucle composée de 5 mailles chaînettes, 5 mailles chaînettes, 2 barrettes séparées par 7 mailles en l'air, dans le deuxième des trois festons de 5 mailles chaînettes, 3 mailles chaînettes. Recommencez 2 fois depuis *. Faites ensuite 1 barrette dans la boucle extérieure du tour précédent, 7 mailles chaînettes, 1 barrette dans la même boucle, 3 mailles chaînettes, 1 barrette dans le feston extérieur du 2e tour.

6e *tour.* 1 maille chaînette, * 9 barrettes et entre chaque barrette 1 maille chaînette sur le feston composé de 7 mailles chaînettes, 1 maille chaînette. Recommencez 5 fois depuis *. Terminez ce tour comme le 2e et le 4e.

7e *tour.* 6 mailles chaînettes, 1 barrette dans la première ou-

verture du tour précédent, 5 mailles chaînettes, passez 5 mailles, 2 barrettes séparées par 5 mailles chaînettes dans l'ouverture suivante, * 5 mailles chaînettes, 1 maille double sur la
maille chaînette entre la deuxième et la troisième des 9 barrettes, 5 mailles chaînettes, 1 maille double sur chacune des
5 mailles chaînettes placées entre les barrettes et entre chaque
maille double, 5 mailles chaînettes. Recommencez 5 fois depuis *. Dans la troisième répétition, sur le dernier groupe de
barrettes, on fait, au lieu de *cinq*, *huit* petits festons de 5 mailles
chaînettes et par conséquent on ne passe aucune des mailles
chaînettes du tour précédent.

8e *tour* 1 maille double dans le premier feston de mailles
chaînettes du tour précédent, 4 mailles chaînettes, 1 maille
double dans le même feston, * 1 maille chaînette, 2 mailles
doubles séparées par 4 mailles chaînettes dans le feston suivant.
Recommencez 8 fois depuis *. Entre la sixième et la septième
répétition, on passe sous la maille chaînette isolée 5 mailles
chaînettes, on fait par conséquent les 9e et 10e boucles de
mailles chaînettes sur les deux festons en forme de coquille,
du tour précédent ; ensuite, 1 maille chaînette, 1 maille double
sur le feston suivant de mailles chaînettes, 5 mailles chaînettes,
1 maille double dans le feston suivant, * 5 mailles chaînettes,
2 mailles doubles, séparées par 5 mailles chaînettes, dans le
troisième des cinq petits festons sur le groupe de brides. Recommencez une fois depuis *, 5 mailles chaînettes. On termine
ce tour comme les 2e, 4e et 6e tours.

Ces huit tours forment l'une des dents de la dentelle ; on

recommence depuis le 1er tour ; à la fin du 7e tour on réunit la dent par une barrette à la dent précédente avant de commencer le 8e tour ; cette barrette doit être placée dans le dixième petit feston de la dent précédente.

DENTELLE N° 3.

Montez un nombre pair de mailles.

1er *tour*. 1 barrette dans chaque maille de la chaînette.

2e *tour*. 5 mailles doubles, 4 mailles chaînettes, passez 5 mailles et répétez.

3e *tour*. 5 mailles doubles, en commençant sur la deuxième des 5 du tour précédent, 5 mailles chaînettes ; répétez.

4e *tour*. Comme le premier, mais en faisant 6 mailles chaînettes au lieu de cinq.

Faites encore trois tours, en augmentant d'une maille à chaque tour le nombre des mailles chaînettes.

DENTELLE N° 4.

Montez un nombre de mailles suffisant pour la longueur voulue.

1er *tour*. 1 barrette, 1 maille chaînette, 1 barrette, dans la même maille que la dernière, 5 mailles chaînettes, passez 2 mailles ; répétez.

2e *tour*. 1 barrette dans la maille chaînette isolée du tour précédent, 1 maille chaînette, 1 barrette dans la même maille que la précédente, 2 mailles chaînettes ; répétez.

3e tour. Comme le deuxième.

4e tour. 1 barrette dans la maille chaînette isolée du tour précédent, 6 mailles chaînettes ; répétez.

DENTELLE N° 5.

Montez un nombre de mailles chaînettes suffisant pour la longueur voulue.

1er tour. 1 barrette dans chaque maille.

2e tour. 3 barrettes, 4 mailles chaînettes, passez 2 mailles, 1 barrette dans la maille suivante, 4 mailles chaînettes, passez 2 mailles chaînettes ; répétez.

3e tour. 3 barrettes par-dessus les 3 du tour précédent, 3 mailles chaînettes, 1 maille double sur celle du tour précédent, 5 mailles chaînettes ; répétez.

4e tour. Comme le troisième.

5e tour. 5 mailles doubles, en commençant sur la dernière des mailles chaînettes avant les 3 barrettes du tour précédent, 8 mailles chaînettes ; répétez.

DENTELLE N° 6.

Montez 15 mailles et travaillez en allant et en revenant.

1er tour. Dans la 7e maille de la chaînette, faites 1 barrette ; 3 mailles chaînettes, passez 1 maille, 1 barrette, 3 mailles chaînettes, 1 barrette dans la même maille que la précédente,

5 mailles chaînettes, passez 2 mailles ; 4 barrettes divisées par 5 mailles chaînettes, dans la dernière maille. •

2e tour. 6 mailles chaînettes, 1 barrette sur le premier feston du tour précédent, 1 maille chaînette, passez 1 picot du tour précédent ; 5 barrettes dans le feston du milieu, 5 mailles chaînettes, encore 5 barrettes ; 1 maille en l'air, passez 1 picot, 1 barrette sur le feston suivant, 5 mailles chaînettes, 1 maille double.

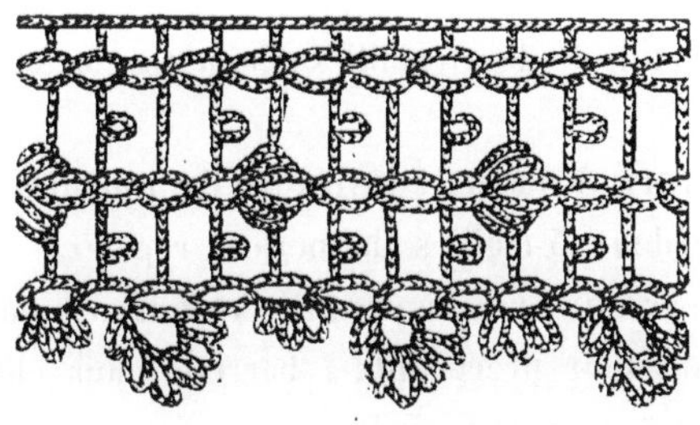

3e tour. 4 mailles chaînettes, 4 mailles doubles et entre chaque maille double 4 mailles chaînettes, sur le dernier feston, 1 maille chaînette, 1 picot, 1 maille chaînette ; sur les mailles chaînettes qui se trouvent entre les deux groupes de 5 barrettes, 2 mailles doubles séparées par 5 mailles chaînettes ; 1 maille chaînette, 1 picot, 1 maille chaînette ; sur le dernier feston du tour précédent, 1 barrette, 5 mailles chaînettes, 1 barrette.

4e tour. 6 mailles chaînettes, 1 barrette sur le feston le plus proche, 5 mailles chaînettes, passez 1 picot, sur le feston du milieu, 1 barrette, 5 mailles chaînettes, 1 barrette, 5 mailles chaînettes, passez 1 picot, sur le premier des 4 derniers petits festons, 4 barrettes et 1 maille chaînette entre chaque barrette.

Répétez toujours le dessin du 2e au 5e tour. Pour terminer, faites, sur le côté qui est en ligne droite, un tour composé alternativement de 5 mailles chaînettes, 1 barrette, placée sur l'une des ouvertures.

DENTELLE N° 7.

1er *tour.* 1 maille double, 5 mailles chaînettes, passez 4 mailles; répétez.

2e *tour.* 4 barrettes dans l'ouverture de 5 mailles chaînettes du tour précédent, 5 mailles chaînettes ; répétez.

3e *tour.* 2 barrettes dans la première et 2 dans la dernière des 4 barrettes du tour précédent ; 1 barrette dans chacune des autres, 1 maille chaînette ; répétez.

4e *tour.* 4 barrettes sur les 6 du tour précédent, en commençant sur la deuxième, 5 mailles chaînettes ; répétez.

5e *tour.* 2 barrettes sur les 4 du tour précédent, en commençant sur la seconde, 4 mailles chaînettes ; répétez.

6e *tour.* 4 barrettes sur les 4 mailles chaînettes du tour précédent, 8 mailles chaînettes, passez 2 mailles ; répétez.

DENTELLE N° 8.

1er *tour.* 1 barrette, 1 maille chaînette, passez 1 maille ; répétez.

2ᵉ *tour*. 3 barrettes, 5 mailles chaînettes, passez 4 mailles
1 maille double, 5 mailles chaînettes, passez 4 mailles; répétez.

3ᵉ *tour*. Comme le deuxième, mais en faisant 6 mailles chaînettes au lieu de cinq.

4ᵉ *tour*. 1 barrette dans la première des 3 barrettes du tour
précédent, 7 mailles chaînettes, passez 1 maille, 1 maille double
dans la maille suivante, 6 mailles chaînettes, 1 maille double
dans la maille double du tour précédent, 6 mailles chaînettes,
et répétez depuis le commencement du tour.

GARNITURE FORMANT FESTONS.

POUR RIDEAUX, COURTES-POINTES, ETC.

Montez un nombre de mailles suffisant pour la longueur de la
garniture.

Faites 2 tours de crochet à jours ordinaire.

3ᵉ *tour*. ' 7 points de crochet à jours, après le 7ᵉ au lieu de
faire une maille chaînette, attirez le brin à travers la maille de
manière à former une longue boucle, retournez et piquez le
crochet dans le second point, faites 5 points dans ce tour,
en les faisant venir au-dessus des 7 points; retournez et ne
faites que trois points sur les 5 derniers, puis 1 seul sur les 3
que vous venez de faire, cela complète une dent de feston ; revenez ensuite au 3ᵉ tour et piquez le crochet dans la dernière

maille du 7ᵉ point, faites une maille chaînette et répétez depuis *. Lorsque toutes les dents de festons sont terminées, faites tout autour 1 tour de mailles simples.

FRANGE.

Cette frange, exécutée en coton blanc, servira pour garnir des rideaux, courtes-pointes, voiles de fauteuil, etc. En cordonnet de soie noir, elle sera très-jolie pour orner une casaque ou un mantelet de taffetas.

La tête de la frange se compose d'une rangée de ronds rassemblés par une petite garniture.

Pour chaque rond, prenez un morceau de ganse lisse un peu forte, d'environ 6 centimètres de longueur, réunissez-en les extrémités et recouvrez-le de mailles doubles très-serrées. Si vous faites la frange en soie noire, vous prendrez, au lieu de ganse, des anneaux de métal afin de faire la frange d'un seul morceau; recouvrez d'abord vos anneaux (soit de ganse, soit de métal) à moitié seulement d'abord en mailles doubles, prenez-en un second et recouvrez-le de même, lorsque vous aurez la longueur nécessaire, recouvrez la seconde moitié de chaque anneau; on fait une *roue* au centre de chacun d'eux soit en soie mi-torse, soit en fil d'Irlande.

Au-dessus des anneaux, faites la garniture suivante :

1ᵉʳ *tour.* 2 mailles doubles sur les deux mailles au sommet du premier anneau, 9 mailles chaînettes, 2 mailles sur l'anneau suivant, et ainsi de suite.

2ᵉ *tour*. 1 barrette, 2 mailles chaînettes, passez 2 mailles. Répétez.

3ᵉ *tour*. 7 barrettes sur la première du tour précédent, passez 2 mailles, 1 maille double, 7 barrettes sur la barrette suivante, recommencez depuis *. Au bord inférieur des anneaux, faites des festons composés de 4 mailles chaînettes, 1 maille double. Dans ces festons, nouez les brins formant la frange ; chaque houppe se compose de 4 brins ayant 20 centimètres de longueur que l'on double en les nouant dans les festons. L'envers de l'ouvrage devient l'endroit de la frange.

TABLE DES MATIÈRES.

TABLE DES ILLUSTRATIONS.

www.ingramcontent.com/pod-product-compliance
Ingram Content Group UK Ltd.
Pitfield, Milton Keynes, MK11 3LW, UK
UKHW021640170726
13836UKWH00005B/2308